ÉTUDES

SUR

LE PARIS D'AUTREFOIS

ARTHUR CHRISTIAN

ÉTUDES

SUR

LE PARIS D'AUTREFOIS

LES JUGES — LE CLERGÉ

PARIS

| G. ROUSTAN | CHAMPION |
| QUAI VOLTAIRE, Nº 5 | QUAI VOLTAIRE, Nº 9 |

MDCCCCIV

LES JUGES

LES AVOCATS, LES TRIBUNAUX

LES JUGES,

LES AVOCATS, LES TRIBUNAUX.

———

Il n'est peut-être pas de spectacle plus dé-concertant dans tout le cours du moyen âge que l'histoire de notre ancienne organisation judiciaire jusqu'à la Révolution : une gravité d'allures & une solennité de formes dans les rangs de la magistrature, une hautaine pré-tention enfin, dans le premier Parlement du royaume, à l'exercice d'un rôle politique allant, par les remontrances & le refus d'enre-gistrement, jusqu'à tenir résolument tête au pouvoir suprême, en contraste singulier avec la corruption professionnelle, une avidité oppres-sive à l'égard des justiciables, & une dureté impitoyable, non seulement à l'égard des condamnés, mais même des simples prévenus. Nous retrouvons là l'influence séculaire de la barbarie germanique, legs sinistre du passé qui a pesé sur tout le moyen âge & dont notre ancienne magistrature n'a jamais su se dégager; l'influence aussi de la société ambiante, royauté, église, de la nation elle-même dont l'ignorance superstitieuse & la grossièreté poussaient, loin de les en détourner, nos magistrats sur une voie aussi dangereuse : double courant dont les effets ont persisté jusqu'à la fin de l'ancien régime & que trop d'incidents contribuent à mettre en lumière.

La conquête barbare ne fit pas disparaître les formes judiciaires de l'empire romain : pleins d'admiration pour une civilisation supérieure, les nouveaux venus se montrèrent beaucoup plus soucieux d'en adapter les cadres à leur usage que de les détruire. Mais il fallut bien rompre l'unité de législation en faveur des deux races qui désormais se partageaient le sol avec les fonctions : ils inaugurèrent donc le code barbare à côté de la loi romaine, appliquant tantôt l'un, tantôt l'autre, suivant la race des parties en cause. Ainsi s'établirent en Gaule les *jugements de Dieu*, dont les formules cérémonielles ont été réunies par l'historien

Baluze[1]. Les parties comparaissaient ensemble devant un prêtre qui, après avoir résumé le cas & invoqué par une prière l'assistance divine, célébrait une messe & donnait la communion aux deux adversaires. Puis on abordait l'épreuve elle-même ou *ordalie,* fondée sur la croyance à l'intervention directe de la Providence qui secourait l'innocent contre le coupable.

Dans l'*épreuve par l'eau froide,* le prévenu était jeté à l'eau, pieds & poings liés; selon qu'il surnageait ou coulait à fond, il était déclaré innocent ou coupable.

Dans l'*épreuve par l'eau chaude,* au contraire, il plongeait son bras nu dans une chaudière remplie d'eau bouillante pour saisir une pierre qui se trouvait au fond : s'il retirait son bras indemne, il était justifié.

L'*épreuve du fer rouge* consistait à porter un fer rouge dans la main, à marcher pieds nus sur des barres rougies au feu; l'absence de brûlure manifestait le bon droit.

Dans l'*épreuve de la croix,* les deux plaideurs tenaient les bras élevés en croix durant la réci-

---

[1] Voir les *Historiens des Gaules & de la France,* t. IV, p. 597 & suiv.

tation de certaines prières ; le premier qui cédait à la fatigue perdait sa cause.

Dans l'*épreuve du cercueil,* on faisait passer devant le cadavre d'un homme assassiné l'auteur présumé du crime : si le mort commençait à saigner ou remuait les lèvres, les soupçons se changeaient en certitude.

L'*épreuve du sort* a revêtu les formes les plus variées : baguette divinatoire, verges jetées en l'air, les premiers mots d'une page ouverte au hasard dans l'Écriture sainte qui paraissaient répondre à la question du moment.

Dans le *duel judiciaire,* les deux combattants se plaçaient formellement sous la protection divine qui devait assurer le triomphe du bon droit. Le vaincu était réservé à une mort honteuse.

En dépit de tous les doutes, ces épreuves, maint témoignage historique est là pour l'affirmer, ont été plus d'une fois subies avec succès. A moins d'admettre un miracle en pareil cas, que faut-il en conclure, sinon que des recettes préventives permettaient à des simulateurs sans préjugés de se soustraire au danger ? Cette hypothèse, au surplus, s'appuie sur les données modernes de la physique reconnaissant à l'alcool ou à l'éther la vertu de garantir l'épiderme de l'atteinte du feu. Dès le ix° & le x° siècle, les chroniqueurs attribuent à des herbes, des breuvages, des lotions avec accompagnement de formules magiques cette efficacité préservatrice. Aussi les prêtres, avant de procéder à l'épreuve, avaient-ils adopté l'habitude d'interroger l'accusé pour savoir s'il n'avait pris aucune drogue capable de fausser le jugement de Dieu.

En 773, un différend s'éleva entre l'église de Paris & l'abbaye de Saint-Denis au sujet d'une donation d'immeuble faite par un certain Aderalde. Charlemagne ordonna le jugement de Dieu *par la croix,* qui eut lieu en sa présence & dans sa propre chapelle. Le champion de l'évêque laissa le premier tomber les bras de lassitude, & la terre en litige fut adjugée à l'abbé de Saint-Denis.

Charlemagne conserva bien quelques restes des tribunaux gallo-romains, notamment la cour suprême du roi, *placitum palatii,* où siégeaient ses principaux officiers; dans ses Capitulaires, il recommande «de choisir des juges, des vidames, des prévôts, des avocats, des échevins honnêtes, véridiques & conciliants, ni cruels, ni cupides, ni parjures»; il alla même, dans son imitation de la justice romaine, jusqu'à attacher à ces tribunaux des avocats. Orateur plein de facilité, exubérant même dans son éloquence, le roi Charles prenait plaisir à s'entourer de ces maîtres, les faisait asseoir à sa table & les honorait d'une façon toute particulière. Mais il se montra un homme de son temps en recourant, tout comme ses prédécesseurs, au jugement de Dieu. D'abord imposée aux parties seules, cette épreuve fut ensuite étendue à leurs témoins mêmes. Au x⁰ siècle, femmes, vieillards, enfants, infirmes, gens d'église, quiconque ne pouvait se battre en personne était tenu de produire un *champion*; les sentences, qu'on ne rédigeait pas encore par écrit, restaient confiées à la mémoire des juges. Avec l'avènement de la troisième race qui amena à sa suite le régime féodal, le duel judiciaire devint la règle dans toutes les justices seigneuriales ou communales : époque peu favorable à l'extension du rôle des avocats. «Il falloit plus de champions de bataille que de bons parleurs », observe Loysel dans son *Dialogue des avocats*. Ces derniers, cependant, ne disparaissent pas : d'abord ils sont nécessaires pour engager le procès & jeter le gant dans les formes requises : puis beaucoup de causes, celles notamment des seigneurs ecclésiastiques, sont portées devant les tribunaux réguliers.

Lors d'un appel en champ clos, l'avocat du demandeur s'exprimait ainsi : « Messeigneurs, j'ai à proposer devant vous, contre monseigneur tel que void-là, pour monseigneur tel que vous voyez icy, aulcunes choses auxquelles il chet vilenie, & si Dieu m'aist, il m'en poise ; car tant que j'ay vécu, je ne viez onc audict tel que bien & honneur ; mais ce que j'entends dire & proposer, je le diray comme advocat de céans, & pour tant que ma partie me le fait entendre & veut que je le die & propose, & le m'a baillé par escript & substance, & le tiens en ma main ; car jamais par moy ne le feisse. Pourquoy, messeigneurs, vous supplie qu'il ne vous desplaise & que vous veuillez octroyer que je die & propose de vostre licence. » Le président répondait : « Or proposez vostre faict ou que-

rele. » L'avocat exposait son cas, puis concluait :
«Mon faict ainsi proposé, messeigneurs, je
concluds ainsi que sy ledict tel confesse les
choses que j'ai proposées estre vrayes, je requiers que vous le condamniez ou que vous
le punissiez de telles peines que prononcent us
& coustumes; & s'il le nie, je dis que monseigneur tel ne le pourroit prouver par tesmoins,
mais il le prouvera par luy ou son armé
en champ clos, comme gentilhomme, & luy
en rends son gage.» Là-dessus l'avocat jetait
son gant dans le parquet. L'avocat de l'intimé
niait tout : «Il ment comme mauvais qu'il est
du dire, & tout ce qu'il a faict dire & proposer
contre moy, je le nie tout, & voici mon gage.»
Il jetait alors son gant, le juge autorisait le
combat, &, après un cérémonial religieux, les
deux parties entraient en lice.

L'Eglise catholique, après des restrictions
successives qui interdisaient aux clercs de
prendre part aux duels judiciaires, finit, au
cours du XIIIᵉ siècle, par les condamner abso-
lument. Encore en décembre 1386 Charles VI,
accueillant une proposition du Parlement qui
se trouvait en présence d'un cas douteux, en

autorisa un qui eut lieu aux lices de Saint-Martin-des-Champs entre deux chevaliers normands, Jehan de Carrouges & Jacques Le Gris; ce dernier, vaincu, fut pendu malgré ses protestations d'innocence. Après coup, elles furent reconnues exactes : le vrai coupable se dénonça au moment d'être pendu pour d'autres méfaits. Mais les vieilles coutumes germaniques s'effaçaient devant la renaissance du droit romain fondé sur la preuve par témoins, & les progrès de la puissance royale qui accrut la compétence des tribunaux. Sans doute le duel judiciaire, devenu un privilège de la noblesse, subsista jusqu'au xvie siècle; l'épreuve du cercueil & celle par l'eau froide, limitée aux procès de sorcellerie, jusqu'au xviie siècle, en dépit du Parlement qui, à deux reprises, en 1601 & en 1641, annula des procédures de ce genre. Depuis longtemps, au reste, cette épreuve ne reposait plus sur un recours à l'intervention divine, mais sur la conviction que tout homme en relation étroite avec le démon perdait de son poids normal & surnageait, une fois jeté à l'eau : aussi avait-on soin de peser l'accusé avant l'opération.

Longtemps, à l'origine de la monarchie féodale, le tribunal du palais n'eut aucun siège fixe, accompagnant le roi dans ses déplacements ; les audiences se tenaient en plein air, à la porte du palais ou sous un arbre, comme fit saint Louis au bois de Vincennes. Il en fut ainsi jusqu'à Philippe le Bel qui donna à la *cour du roi,* devenue le premier en date des parlements, un caractère sédentaire ; il fixa ses attributions & sa compétence & lui attribua des privilèges destinés à rehausser son prestige. Le roi était fier de la pompe extérieure dont il avait entouré le nouveau tribunal, de sa Chambre dorée qu'il avait soin d'offrir à l'admiration de ses visiteurs royaux. En 1415, l'empereur Sigismond, de passage à Paris, tint à assister à une audience de la cour. « Ledict empereur voulut sçavoir ce que c'estoit de la cour de Parlement : & un jour de plaidoirie il vint à la cour, laquelle estoit bien fournie de seigneurs, & estoient tous les sièges d'en hault pleins, pareillement les advocats bien vestus & en beaulx manteaulx & chapperons fourrez. Et s'assit l'empereur au-dessus du premier président, où le roi se asseerroit s'il y venoit, dont

plusieurs n'estoient pas bien contens; & disoient qu'il eust bien suffy qu'il se fust assis du
costé des prelats & au-dessus d'eulx. Il voulut
voir plaider une cause qui estoit commencée
touchant la seneschaussée de Beaucaire ou de
Carcassonne, en laquelle un chevalier preten-
doit avoir droict, & un nommé m^e Guillaume
Signet qui estoit un bien notable clerc & noble
homme. Et entre les autres choses qu'on alle-
guoit contre ledict Signet pour monstrer qu'il
ne pouvoit avoir ledict office, estoit qu'on lui
imposoit qu'il n'estoit point chevalier, & que
ledict office estoit accoustumé d'estre baillé à
chevaliers, laquelle chose ledict empereur entendoit. Et lors il appela ledict maistre Guillaume Signet, lequel devant luy s'agenouilla.
Et tira l'empereur une bien belle espée qu'il
demanda, & le fit chevalier, & luy fit chausser
ses esperons dorez. Et lors dist : «La raison
«que vous alleguez cesse, car il est chevalier.»
Et de cest exploit gens de bien feurent esbahis,
comme on luy avoit souffert, veu que autres-
fois les empereurs ont voulu maintenir droict
de souveraineté au royaume de France contre
raison. «Car *le roy est empereur en ce royaulme,*

« *& ne le tient que de Dieu & de l'eſpée seulement*
« *& non d'autre*[1]. »

Antoine Astesan, le chroniqueur-poète italien, arrivant à Paris au milieu du même siècle, trouva le Parlement «comparable au Sénat de Rome. Son renom de justice était tellement répandu dans le monde que les adorateurs des faux dieux & déesses, encore nombreux dans l'univers, envoyaient de tous les pays leurs causes aux conseillers». Il faudra sans doute biēn rabattre de ces exagérations, si l'on en croit certaines ordonnances qui réglaient la discipline de la compagnie. «Que cils qui tiendront le Parlement ne beuvent ni ne mangent avec les parties qui ont à faire par devant eux.» — «Moult deshonneste chose est que la Cour seant, aucuns des seigneurs[2] soient veus, tourneant & esbatissant par la salle du Palais.» — «Parceque li seigneurs se lievent si souvent, si leur doibt suffire & suffise soy lever une foys en la matinée.» — «Défense de recevoir des parties or ou argent, mais ils peuvent accepter un jour viande & vin en pots & en bouteilles.»

[1] Juvénal des Ursins, *Hiſtoire de Charles VI*, année 1415.
[2] Les pairs laïques faisant partie de la cour.

Dès le xive siècle, le Parlement occupa en partie & un siècle après en totalité le Palais de la Cité que Louis XI lui céda, lorsqu'il alla habiter le Louvre & l'hôtel Saint-Paul. A ce moment la cour avait reçu une organisation qui resta presque invariable jusqu'en 1789 : un premier président, trois chambres avec des présidents nommés à vie, des conseillers pairs de condition noble, des conseillers clercs & laïques, en tout une centaine de juges; puis un procureur général, des substituts & des avocats généraux; enfin des avocats & des huissiers ou *sergents*. A ses débuts le nouveau tribunal eut bien des luttes à soutenir pour faire respecter par l'Église les droits de sa juridiction : les conflits renaissaient sans cesse entre les juges laïques & ceux du tribunal épiscopal. En décembre 1329, Philippe VI, pour y mettre un terme, convoqua au château de Vincennes son conseil & ses grands vassaux, avec une vingtaine de prélats. L'avocat du roi au Parlement, Pierre de Cugnières, résuma longuement toutes les plaintes contre les empiètements des juges d'église sur la justice royale. Le clergé en garda une vive rancune

à l'orateur, dont les jeunes clercs donnèrent
depuis le nom «à une petite & laide figure
qui est à ung coing du jubé de Nostre-Dame,
au dessoubs de la figure d'Enfer, & n'est aulcun réputé avoir veu ceste église, s'il n'a veu
ceste grimace». Les chanoines, pour lui faire
affront, éteignaient leurs cierges contre son
nez en répétant ces mots : « Tu disais vrai,
Pierre du Coignet! »

Au temps de Charles V & Charles VI, le
premier président touchait un traitement assez
rond de 1,000 livres (environ 100,000 francs
aujourd'hui); les présidents de chambre «chascun 500 l. & les aultres seigneurs dudict parlement chascun 5 s. p. (environ 25 francs) par
jour, c'est à dire les jours qu'ils sieent, & les
aultres non».

Ces traitements, on doit l'avouer, n'étaient
pas toujours payés très régulièrement, tantôt
par la faute du gouvernement : alors la cour
faisait d'humbles remontrances, cessait même
de rendre la justice; tantôt par la faute des
receveurs ou payeurs : en ce cas, la cour leur
expédiait un huissier comme garnisaire. En
1369, «la cour ayant esté requise de servir

sans gages durant un parlement, & que le
roy y satisferoit une aultre fois, les conseillers pairs respondent après scrutin qu'ils sont
prests à faire le service du roy, mais ne pour-
ront servir sans gages». Au xve siècle, le
même désordre des finances ramène les mêmes
plaintes : en octobre 1430, les gens du Parlement attendaient un arriéré de traitement de
deux ans. Deux délégués se rendirent à Rouen
auprès du roi Henri VI & en obtinrent non
sans peine «un mois de payement pourveu
que le Parlement tînt ses audiences le mois
d'avril».

La Grand'chambre comprenait : 1° le *parc*
ou *parquet,* séparé du reste de la salle par une
barre ou *barreau;* il renfermait, dans l'un des
angles, une estrade réservée au siège ou *lit*
du roi; de chaque côté de l'estrade, des bancs
recouverts d'une tapisserie à fleurs de lis pour
les présidents & conseillers, & plus bas d'autres
bancs recouverts de la même tapisserie, pour
les gens du roi & quelques-uns des plus anciens avocats; 2° derrière les bas sièges s'allon-
geaient les bancs ou *barreaux* des avocats, tra-
versés par un passage central qui donnait accès

dans le parquet. Enfin les solliciteurs & simples assistants s'arrêtaient derrière les barreaux.

Au xvi° siècle, les audiences étaient parfois assez bruyantes & l'ordre troublé moins par ce public de curieux que du fait même des avocats & procureurs qui se mettaient aux fenêtres, se promenaient durant les plaidoiries, interrompaient le président «en dépit de la défense de parler ou cacqueter, sur peine de 40 s. p. d'amende».

Les conseillers se rendaient au Palais dès l'heure de *prime* (6 h. du m.) pour tenir audience à jeun. Ils étaient perpétuellement en rivalité entre eux, & le pouvoir avait fort à faire pour restituer à chacun ses causes, bien moins dans l'intérêt du public que dans le leur : tout procès était pour eux une bonne prébende dont ils entendaient tirer parti. Les causes des prévenus sans fortune étant par nature peu avantageuses, les juges les négligeaient pour ne se réveiller qu'à l'appel des causes productives. En 1468, le roi avait augmenté le nombre des présidents & conseillers à la Cour des aides; de là une réduction proportionnelle des profits à partager entre tous.

« En ladicte chambre surviennent chascun jour, à l'occasion des choses dessus dictes, plusieurs grans desbats, noises & divisions; telement qu'au moyen d'icelles, depuis demy an en çà, se sont faictes peu d'expéditions en ladicte chambre. Et qui pis est s'en est engendré grand scandale & grand vitupere. Il est tout notoire que Compains & Sabrevoys battirent m[e] Charlot Cadier la première fois qu'il entra en la chambre après son institution & tellement qu'il cria au meurtre, à l'oÿe de ceulx qui attendoient les expéditions de ladicte chambre & de ceulx qui alloient en la chambre des comptes. Et le samedi 15e jour d'octobre, ledict Compains a pris noise & injurié ledict president (Herbert) en pleine chambre; & de nouvel le jour d'hier y eust en icelle chambre tres grand noise entre les presidens, generaulx & conseillers d'icelle d'une part, & ledict Sabrevoys d'aultre, à l'occasion de l'institution dudict Dubreuil, & semblablement cejourd'huy, tellement qu'elle vacque[1] ». En outre, l'usage des *épices* ou gra-

---

[1] Bibliothèque de l'École des Chartes, t. X, p. 65-66.

tifications était si répandu que l'édit de 1597 dut insister sur les «plainctes des grandes & excessives espices qui se taxoient es Parlement, Grand Conseil, Cour des aydes & autres cours souveraines». Tristes mœurs qui justifiaient l'exclamation de Rabelais : «Des injures & deshonneur ils ne se soucient, pourveu qu'ils ayent escus en gibessiere, veoire feussent-ils tous breneux[1].» Sur un ton plus grave, Marot attaquait également le Châtelet, à son avis un enfer

> *Où sans argent povreté n'a raison :*
> *Où se deſtruiſt mainte bonne maison,*
> *Où bien souvent, par cautèle subtile,*
> *Tort bien mené rend bon droiſt inutile ;*
> *Où sont grands loups raviſſans & famys[2],*
> *Qui ayment plus centz soulz que cent amys,*
> *Et dont pour vray le moindre & le plus neuf*
> *Trouveroit bien à tondre sur un œuf[3].*

Rappelons enfin que, jusqu'au commencement du xve siècle, le Parlement de Paris resta le seul du royaume : nouvelle source de profits.

[1] Du vieux mot *bran*, excréments.
[2] Affamés.
[3] Œuvres complètes, 1824 ; t. I, p. 71, 73, 75.

Les conseillers, appelés à se rendre dans les provinces pour assurer en personne l'exécution des arrêts, aspiraient tous à pareilles missions en raison des vacations & indemnités fort désirables qu'elles comportaient. Deux conseillers avaient droit, pour eux & leur suite, à 6 chevaux : à 10 s. par cheval, ils touchaient journellement 60 s. Les juges subalternes, appelés dédaigneusement *juges guêtrés,* qui n'allaient pas aussi loin, voyageaient à pied.

Avec le nombre des procès, ces délégations se multiplièrent si bien que plus d'une fois les audiences durent chômer à Paris. Il fallut limiter l'absence des conseillers à l'intervalle de l'Assomption à la Saint-Martin (15 août-11 novembre) : c'étaient les *vacations de vendanges,* durant lesquelles les magistrats âgés, malades ou qui avaient cédé à forfait leurs commissions à quelque collègue, tenaient une *chambre des vacations,* instruisant des procès & préparant le travail en vue de la reprise des audiences. Telle est l'origine réelle des vacances judiciaires que le bon Merlin, dans son *Répertoire de jurisprudence,* attribue à la nécessité pour les juges « tant de se délasser des fatigues de

leurs fonctions que de vaquer à leurs affaires
domestiques». Les membres de la Chambre
des vacations recevaient tant par séance : c'était
donc à qui en ferait partie, car leur avidité
trouvait encore une satisfaction accessoire dans
une foule de petits présents, de victuailles
variées que leur offraient les plaideurs empressés à rechercher leur faveur. Quant aux
délégués en province qui s'acquittaient de leur
mission d'une manière trop souvent ruineuse
pour les parties, on leur appliqua le tarif de
simples sergents.

Au jour du départ, conseillers, greffiers,
avocats & procureurs, bottés, éperonnés, en-
fourchaient leur mule : l'écritoire au côté, les
sacs de papiers à l'arçon de la selle, ils sillon-
naient toutes les routes de France, à l'ébahis-
sement admiratif des populations que Martial
d'Auvergne[1] nous a peint en son langage
pittoresque :

> *Gens vertueux, plains de sagacité*
> *Là excerçans le fait de la justice*

[1] Voir les *Vigilles de la mort du feu roy Charles septiesme,*
v° leçon.

Entretenans le bon peuple en police.
Quant ilz alloient lors en commißion,
Vous eußiez veu une proceßion
De gens apres qui leur portoient honneur.
Chascun disoit : Allons veoir le seigneur
Pour reverence du roy & de sa court.
Nul ne craignoit lors trop les gens de court,
Car nonobstant port [1] *& faveur mondaine*
Subjectz estoient à la cour souveraine ;
Et s'ilz failloient, avoient pugnicion,
Se bien faisoient, remuneracion.
Ainsi chascun si avoit sa deßerte [2].

Les greffiers suivaient le courant parti de haut & commettaient des pilleries dont on retrouve partout la trace. Payés à un prix fixe par feuille d'actes, ils rédigeaient leurs pièces dans une écriture fort grosse [3]; mais soucieux de sauver les apparences jusqu'au bout, ils mettaient en avant leurs clercs sur lesquels ils avaient d'autant plus d'action qu'ils devaient «les salarier & entretenir en leurs maisons». Cette obligation, il faut bien le dire, en dépit des ordon-

[1] Crédit, appui.
[2] La récompense méritée.
[3] De là le terme «grossoyer».

nances, ils s'en acquittaient avec une déplo-
rable lésinerie : témoin cette greffière dont
Furetière nous rapporte l'amusant épisode.
Elle «avoit coustume d'emporter la clef de
l'armoire au pain, après en avoir taillé quelques morceaux qu'elle laissoit à la servante
& aux clercs pour le souper. Un jour qu'elle
alloit manger chez un de ses voisins, elle avoit
oublié de leur laisser leurs bribes, de sorte
qu'un des clercs fut député, qui luy alla demander la clef de l'armoire au pain, au milieu
de la compagnie. Elle en rougit & n'osa pas
la luy refuser; mais quand elle fut au logis,
elle luy fit de grandes reprimandes sur son
indiscrétion, & luy deffendit bien expressé-
ment de luy venir jamais demander la clef du
pain quand elle seroit en quelque assemblée.
Il retint bien cette leçon, & une autre fois
qu'il arriva à la greffière un pareil defaut de
mémoire, le mesme clerc luy vint dire devant
tout le monde : «Madame, puisque vous ne
«voulez pas qu'on vous demande la clef du
«pain, je vous prie au moins de nous ouvrir
«ici l'armoire.» Et en mesme temps il fit entrer un crocheteur qui avoit l'armoire chargée

sur son dos, ce qui fit esclater de rire toute la compagnie[1]».

Au XVIe siècle, la corruption des juges atteignit, semble-t-il, son point culminant : les ordonnances se suivent & se ressemblent, qui leur défendent de recevoir «outre leurs salaires, *dons corrompables,* par soy ne par aultres»; mais «n'estoient pas compris la venaison ou gibier pris es forests & terres des princes & seigneurs qui les donnoient»; certains magistrats en recevaient tant qu'ils le faisaient «revendre aux poulaillers & aux chambrieres & serviteurs».

Quelques-uns de ces magistrats — il est vrai que c'est Brantôme, le chroniqueur scandaleux de son temps, qui s'en porte garant — se faisaient, paraît-il, payer en monnaie galante leur protection officielle : faveurs pour faveurs. «Quelquefois les marys laissoient leurs femmes à la garde du Palais & à la gallerie & salle, puis s'en alloient en leurs maisons, ayans opinion qu'elles feroient mieux leurs besognes & en gagneroient mieux leurs causes : comme de

---

[1] Voir le *Roman bourgeois,* éd. Jannet; liv. I, p. 109-110.

vray, j'en sçay plusieurs qui les ont gagnées mieux par leur dextérité & beauté de leur devant que par leur bon droict, dont bien souvent en devenoient enceintes; & pour n'estre escandalisées, s'encouroient vistement en leurs maisons à leurs marys, feignant qu'elles alloient querir des tiltres & pieces qui leur faisoient besoin, ou alloient faire quelque enqueste, ou que c'estoit pour attendre la Sainct-Martin, & que durant les vacations, n'y pouvant rien servir, alloient au bouc & voir leurs mesnages & marys. Elles y alloient de vray, mais bien enceintes. Je m'en rapporte à plusieurs conseillers, rapporteurs & presidens, pour les bons morceaux qu'ils en ont tastez des femmes des gentilshommes. Il n'y a pas longtemps qu'une tres belle honneste & grande dame que j'ay cogneue, allant ainsi solliciter son procez à Paris, il y eut quelqu'un qui dit : «Qu'y va-t-elle faire? Elle le perdra, elle n'a pas grands droits. — Et ne porte-t-elle pas son droit sur la beauté de son devant?» Ainsi se font les gentilshommes cocus au Palais, en recompense de ceux que les gentilshommes font sur mesdames les presidentes & conseillères : dont aussi aucunes de celles-là ay-je veu qui ont bien vallu sur la monstre autant que plusieurs dames, damoiselles & femmes de seigneurs, chevaliers & grands gentilshommes de la cour, & autres[1]. »

La vénalité des offices judiciaires, à partir de Louis XII & de François Ier, ne fit qu'aggraver le mal; la cour avait les coudées franches, en dépit des objections successives des États généraux, pour trafiquer sous mille formes des fonctions publiques. Les esprits éclairés & honnêtes, qui apercevaient les abus & en pesaient les conséquences, eurent un interprète autorisé dans les mordantes attaques de Rabelais contre les *juges guêtrés* & les Brid'oye; en un siècle où une parole de liberté pouvait conduire son auteur dans les souterrains du Châtelet, sur le bûcher même, pouvait-il mieux faire que de déguiser sous une forme frivole ses revendications indignées contre «les chats fourrés» du Parlement qui, dans leurs robes rouges à bordure d'hermine «mangent les petits enfants, paissent sur des pierres

---

[1] *Vie des Dames galantes,* discours I.

de marbre, ont le poil de la peau non sortant
au dehors, mais au dedans caché, ont griffes
tant fortes, longues & acérées que rien ne leur
échappe. . . Pillerie est leur devise, & par eulx
faicte est trouvée bonne de tous humains &
le tout font avecque souveraine & irrefragable
authorité». Ces «chats fourrés» auxquels Pa-
nurge ne peut échapper qu'en leur jetant sa
bourse, L'Hospital les connaissait bien lorsque,
dans un lit de justice tenu par le roi, cet
homme de cœur leur adressa une invitation
trop nécessaire : «Ayez les mains nettes.» Si
en définitive il n'atteignit pas son but, il faut
reconnaître que plus d'une fois le Parlement
sembla se réveiller & sacrifia ses membres
les plus compromis pour sauver les autres.
En 1336, il fit pendre aux Halles le président
Hugues de Cuisy qui s'était laissé corrompre
dans l'exercice de ses fonctions, & encore, en
1348, le conseiller Adam de Hordain pour
avoir falsifié des dépositions; en 1496, le conseiller Cl. Chauveau fut marqué au front de la
fleur de lis & mis au pilori pour avoir falsifié
les pièces d'une enquête. D'autres furent pendus jusque dans le siècle suivant.

A cette prose sordide qu'on nous permette d'opposer, & pour y faire diversion, un rayon de poésie : nous retrouvons encore ici cette loi des contrastes qui a permis à un connaisseur expérimenté de dire que le moyen âge a été l'époque de tous les extrêmes, dans le bien comme dans le mal. Les rois avaient conservé la vieille coutume d'offrir chaque année un tribut de roses au Parlement. Les pairs de France eux-mêmes présentaient les fleurs à la cour en avril, mai & juin. L'un d'eux, au nom de tous les autres, faisait, à un jour fixé, parsemer de roses toutes les chambres du Parlement avant l'audience. Il commençait par donner un déjeuner aux présidents & conseillers, puis se rendait successivement dans chacune des chambres, faisant porter devant lui dans un bassin d'argent des bouquets pour tous les magistrats [1]. Sous Louis XIV, le premier président de Lamoignon songea à ressusciter cet usage ; le duc de Vivonne, auquel il s'en ouvrit, lui répondit, à en croire Bussy-Rabutin : «Monsieur le président, les pairs de France

[1] Sauval, *Antiquités de la ville de Paris*, t. II, p. 447.

ne s'entendent pas bien toujours avec le Parlement; croyez-moi, restons les uns & les autres dans nos limites, n'exhumons pas d'antiques coutumes qui deviendraient peut-être de véritables sujets de discorde, & surtout gardons-nous de découvrir le pot aux roses. »

Au-dessous du Parlement prenait rang, comme juridiction de première instance, le Grand Châtelet, siège du prévôt de Paris; assisté d'un lieutenant civil pour la tenue des audiences civiles, d'un lieutenant criminel pour la tenue des audiences correctionnelles & criminelles, d'avocats du roi & de conseillers, le prévôt y rendait la justice & gouvernait le comté de Paris pour le roi. Ces officiers, malheureusement, donnèrent trop souvent, dans leur administration, prise à la critique & leurs prévarications les mirent en délicatesse avec le Parlement. Déjà prévenue contre eux par jalousie professionnelle, la cour du roi, qui ne demandait pas mieux que d'humilier la juridiction du Châtelet, ne perdait pas une occasion de les citer à sa barre pour faire amende honorable, toutes chambres réunies, & plus d'un prévôt paya de sa vie les préventions amassées contre sa compagnie.

Nous avons déjà nommé plus haut les avocats, dans lesquels Charlemagne, doué lui-même d'une grande facilité de parole, voyait peut-être comme des émules. L'organisation régulière des tribunaux, au début de la troisième race, les mit en pleine lumière. Philippe III & surtout Philippe le Bel s'appuyèrent sur ces légistes & tirèrent grand parti de leurs lumières dans la lutte de la royauté contre le pouvoir ecclésiastique.

Il est difficile, faute de documents, d'apprécier au juste le mérite des premiers avocats du xiiie siècle; seuls les règlements contemporains sur la discipline du barreau nous éclaireront sur la question. Les défenseurs devaient éviter toute longueur étrangère à leur sujet, les répétitions inutiles & les détours de ce qu'on commençait dès lors à appeler la chicane, pour aller droit aux arguments décisifs. Du Breul, dans son *Style du Parlement,* leur recommande de ne pas ouvrir en parlant une large bouche ni d'agiter au hasard les pieds & la tête, de ne pas défigurer leurs traits par des contorsions, enfin — conseil fort approprié à l'éloquence amphigourique de ce temps — de ne pas se lancer à tout propos dans une emphase déplacée. Ces détails suffisent pour nous donner une idée de l'avocat au xɪvᵉ siècle : il se perdait en digressions pédantesques, étalant autant d'érudition juridique, suivant le dicton, « pour six gerbes d'avoine que pour le comté de Champagne ».

Philippe de Beaumanoir, nous donne, à la fin du xɪɪɪᵉ. siècle, dans ses *Couſtumes de Beauvoisis,* un aperçu des honoraires que touchaient les avocats de son temps. « Li advocas poent penre le salaire qui lors est convenanciés; mais qu'ils ne passent pour une querele trente livres, car plus ne poent ils penre par l'establissement nostre bon roi Phelipe. Et s'il ne font point de marcié à cix por qui il pledent, il doivent estre paié par journées & selonc leur estat & che que la querele est grans ou petite; car il n'est pas resons que un avocas qui va à un cheval doie avoir ausi grant jornée comme chil qui va a deux chevax ou a trois ou a plus, ne que chil qui poi set ait autant que cil qui set assés, ne que cil qui plaide pour petite querele ait autant que cil qui plede pour grant. »

Trait curieux : le pape Grégoire X en personne crut devoir intervenir dans cette question d'honoraires. Le pontife gardait rancune aux légistes qui, depuis la découverte d'un manuscrit des Pandectes, à Amalfi, vers 1150, négligeaient le droit canonique pour se vouer à l'étude du droit romain. En 1274, dans un concile qui réunissait à Lyon plus de mille prélats, non seulement de France, mais d'Angleterre, d'Allemagne, de Sicile & de l'empire grec, il s'avisa de faire voter par l'assemblée un canon fixant le salaire maximum des avocats de France à 20 livres. Cette décision fut reçue à Paris avec des sentiments bien divers : les uns s'indignèrent de cet empiètement sur les droits du pouvoir royal; les autres demandèrent ironiquement par quelle révélation subite les pères du concile s'étaient trouvés au fait des choses du Palais, de manière à se rendre compte des honoraires que comportait la profession d'avocat.

Les avocats autorisés à plaider étaient inscrits sur un tableau; le plus ancien, jouissant à ce titre d'une autorité morale sur ses confrères, s'appelait le *doyen;* au contraire, le *bâtonnier,* comme premier dignitaire de la confrérie de Saint-Nicolas qui comprenait à la fois les avocats & les procureurs, exerçait une autorité effective sur ses collègues. Élu tous les ans à la Saint-Nicolas d'été (9 mai), il portait comme insigne de son autorité le bâton de la confrérie surmonté de l'image de saint Nicolas. Faut-il rappeler le plus illustre d'entre eux durant des siècles & souvent honoré comme le patron de la compagnie? Yves de Kermartin mourut en 1303 en Bretagne où il était né. «Il n'estoit pas des nostres, écrit Pasquier, ains (mais) Breton.» — «Si (cependant) peut-il estre mis au nombre des advocats, ajoute Loisel; car encore qu'il feust official de Rennes, puis de Tréguier, si ne délaissoit-il pas d'exercer par charité l'estat d'advocat pour les veuves, orphelins & aultres personnes miserables.» Quand il ne pouvait accorder deux plaideurs, il disait la messe. Retourné en Bretagne où il fut surnommé *l'avocat des pauvres* qu'il aidait de son argent, après avoir achevé ses études de théologie & de droit canon à Paris, il laissa dans

cette ville un souvenir non moins populaire :
le jour de sa fête, les jeunes clercs chantaient
dans la petite chapelle de saint Nicolas, placée
au nord de la Grand' Salle du Palais, cette
prose plus naïve que brillante :

Sanctus Yvo
erat Brito,
Advocatus
non latro ;
Res miranda
populo.

Dans sa petite chapelle de la rue Saint-
Jacques, les voûtes étaient surchargées de sacs
de procès : tout plaideur hors d'affaire y suspendait le sien. A la réputation du saint la
malice populaire mêla une pointe satirique,
moins, il est vrai, contre sa personne que contre
sa corporation. Une vieille tradition, qui prétendait peindre l'entrée du saint au paradis,
ajoutait qu'au moment où il se présenta à
la porte, il était accompagné de plusieurs
religieuses. «Qui êtes-vous ? demanda saint
Pierre à l'une d'elles. — Une religieuse. —
Vous avez le temps d'attendre ; il y en a déjà

assez dans le paradis. Et vous, qui êtes-vous ?
fit-il en se tournant vers saint Yves. — Un
avocat. — Vous pouvez entrer; il n'y en a pas
encore. »

L'intention est la même dans la *Farce nou-*
velle, tres bonne & fort joieuse, de la resurrection de
Jenin Landore, à 4 personnaiges, Jenin & sa femme,
un curé & son clerc, jouée au XVIe siècle.
Ce Jenin revient du paradis après une mort
de quelques heures; le clerc lui demande si
l'on plaide au paradis, la réponse est négative :
il n'y a qu'un seul avocat.

LE CLERC.

Combien y a-t-il de procureurs ?
Dictes nous s'il y en a poinct ?

JENIN.

Ma foi, je n'en mentiray poinct.
Je le diray devant chascun,
Je n'y en ay veu pas un ;
La vérité vous en rapporte.
Il en vint un jusqu'à la porte ;
Mais quand vint à entrer au lieu,
Il rompit tant la teste à Dieu
Qu'on le chaßa hors de léans.

Les avocats, depuis le temps où ils avaient soutenu la royauté dans ses conflits ecclésiastiques, en avaient gardé un prestige qui leur conférait presque, aux yeux du public, le privilège de noblesse. L'installation du Parlement à Paris ne contribua pas moins à accroître leur luxe, qui provoqua des critiques générales; c'est aussi le sentiment d'Eust. Deschamps.

> *Vous acquestez maintes richesces;*
> *Vous usez de toutes noblesces;*
> *Vous estes frans sanz servitute,*
> *Plus que n'est le droit d'institute.*
> *Vous avez vostre chapelain*
> *Pour chanter vostre messe au main (matin)*
> *Au partir de vostre maison.*
> *Vous estes tousjours en saison,*
> *Vous estes comme sains en terre,*
> *Chascun va vostre sens requerre,*
> *Et vostre aide demander*
> *Pour l'argent; car qui truander (lésiner)*
> *Là vouldroit, bien scauriez respondre :*
> *Amis, fay ta geline pondre,*
> *Et apporte assez, c'est de quoy,*
> *Car en ton fait goute ne voy* [1].

[1] Poésies d'Eust. DESCHAMPS, édit. Crapelet; introduction, p. XLVI.

Le prédicateur populaire du xve siècle, Maillard, se plaint également qu'ils prennent *a dextris & a sinistris,* & Henri Estienne, l'imprimeur-humaniste, nous rapporte d'après lui un fort plaisant conte d'une procédure tenue entre deux avocats du temps du roy Louis dernier. «Un bon paysan vint prier l'un d'eux d'estre son advocat en un procès qu'il avoit en la court de Parlement, ce qu'il accepta. Au bout de deux heures vient la partie adverse qui estoit un homme riche; & le prie semblablement d'estre son advocat en une cause contre un certain paysan, ce qu'il accepta aussi. Le jour que la cause se devoit tenir, le paysan vint le ramentevoir (rappeler) à son advocat, lequel luy fit response : «Mon ami, l'autre
«fois que vous vîntes, je ne vous di rien, pour
«raison des empeschemens que j'avois; main-
«tenant je vous averti que je ne puis estre
«vostre advocat, estant celuy de vostre partie;
«mais je vous bailleray lettres adressantes à un
«homme de bien.» Alors escrivit à l'autre advocat ce qui s'ensuit : «Deux chapons gras
«me sont venus entre les mains, desquels
«ayant choisy le plus gras, je vous envoye

«l'autre; je plumeray de mon costé, plumez
«du vostre[1].»

Que retiendra, en définitive, le penseur
réfléchi d'accusations aussi déshonorantes?
On ne saurait le nier : la corporation était
en grande partie respectable & respectée; les
avocats au Parlement, assujettis à une discipline positive, prêtaient serment d'agir avec
fidélité & diligence, & d'accepter la défense
des pauvres. Mais on ne saurait se dissimuler
que les troubles civils & le désarroi politique
du xve siècle eurent pour effet de démoraliser
un trop grand nombre d'entre eux, & de justifier les plaintes contre leurs extorsions. Les
portraits satiriques où les conteurs & les poètes
populaires nous montrent en eux des fripons
hâbleurs & rusés, d'adroits compères toujours
à l'affût du moindre gain, quelle qu'en fût la
source, trouvent leur expression dernière dans
la farce de *L'Avocat Patelin* : créée avec le barreau parisien entre les règnes de Philippe le
Bel & de Charles VI, puis retouchée aux xv^e
& xviie siècles, la fameuse comédie résume &

[1] ESTIENNE, *Apologie pour Hérodote*, édit. de 1879; t. I,
p. 90-1.

fixe ces scènes populaires où les clercs de la
Basoche donnaient libre cours à leur verve
contre les gens de loi. Les Enfants sans soucy
vinrent à leur tour nous peindre le Palais &
ses intrigues où Mᵉ Jean Lestoffé & Mᵉ Olivier de Près-Prenant sont d'accord pour dévo-
rer les parties & s'enrichir à leurs dépens.

Au xvɪᵉ siècle les choses ne vont pas mieux :
lisez dans le *Francion,* de Sorel [1], l'édifiant épisode que rapporte le gentilhomme rencontré
par notre héros à l'auberge sur les rapports de
sa famille avec les avocats & les procureurs.

Après la perte d'un procès devant un bailli
de province, «mon père s'en alla communiquer son affaire à son avocat du Parlement,
pour sçavoir s'il seroit bien fondé en appella-
tion. Celuy-ci, qui ne dissuadoit jamais personne de chicaner, anima mon père à relever
son appel par plusieurs raisons : vous qui estes
noble, luy disoit-il, il faut que vous monstriez
que vous avez du courage & que vous ne vous
laissez pas vaincre facilement. Voyez-vous, qui
se fait brebis, le loup le mange, comme dit le

[1] Edit. de Leyde, 1676; liv. III.

proverbe ; vous avez à vivre aux champs parmy
des villageois opiniastres, qui vous denieroient
ce qui vous seroit deu, si vous vous estiez une
fois laissé mener par le nez comme un buffle.
Je vous conseille donc pour conclure de ne
point donner de repos à vostre partie, & de
ne point faire d'accord quand elle vous en par-
leroit. Il n'est que d'avoir un arrest entièrement définitif. Ne craignez point qu'il ne soit
donné à vostre profit, car vous avez une cause
entierement bonne. Là dessus il prenoit Bar-
tole & Cujas par les pieds & par la teste, &
citoit des loix de toutes sortes de façons, pour
prouver le bon droict de mon père, qui creut
tout ce qu'il luy disoit, ne sçachant pas qu'il
estoit en un lieu où l'on s'entendoit des mieux
à supposer des faux titres. L'on luy addressa un
jeune procureur de la nouvelle creuë, que je
m'asseure avoir baillé de l'argent pour se faire
recevoir : car il n'y avoit pas apparence que ce
feust la grande connoissance des affaires du
Palais qui luy eust fait obtenir la permission
de postuler. Neantmoins il n'estoit pas si ignorant qu'il ne sceust bien de quelle sorte il falloit accroistre son talent : & certes il estoit si

bon procureur qu'il procuroit plustost pour luy-mesme que pour autruy. Mon pere estoit une tres mauvaise main : car cest homme cy se laissa gagner par sa partie, afin de faire double profit; & au lieu d'avancer l'affaire, il la retardoit malgré que mon père en eust, luy faisant accroire que toutes les procedures inutiles qu'il faisoit estoient necessaires. Ses plus ordinaires discours n'estoient que d'argent, dont il asseuroit toujours qu'il luy estoit besoin pour faire beaucoup de frais, encore qu'il n'en fallust faire que fort peu.

«D'un autre costé, l'avocat faisoit des ecritures où il ne mettoit que deux mots en une ligne, pour gagner davantage : & afin de les enfler très bien, son clerc usoit d'une certaine orthographe où il se trouvoit une infinité de lettres inutiles; & croyez qu'il estoit bien ennemy de ceux qui veulent que l'on mette *piez* sans un *d* & *devoir* sans un *b*. Outre cela il usoit d'un certain caractère majuscule, rempli de longs traits; & le pire estoit qu'il n'y avoit rien que des discours frivoles, qui n'éclaircissoient point la matiere. Mon pere ne se peut tenir de luy dire un jour, en luy payant de pareilles ecritures, que tout ce qu'il avoit fait ne servoit de rien; que pour luy il en eust autant fait, & possible davantage, encore qu'il ne fust pas du mestier; & qu'aussi bien estoit-ce une chose vaine d'alleguer toutes les loix qui y estoient, veu qu'il estoit certain que la cour n'y avoit jamais esgard. — «Vous vous formalisez de «peu de chose, dit l'avocat, & j'oseray bien dire «que vous vous plaignez sans raison. Est-il rien «de plus beau que la façon dont l'on agite les «procès? N'est-ce pas une marque de la gran-«deur de la justice, que le grand nombre de «ressorts qu'elle fait jouer? Vous autres qui «plaidez, ne devez-vous pas avoir du contente-«ment à voir marcher cette grande machine?» —Là dessus l'avocat dit encore plusieurs choses pour deffendre son honorable mestier; & neant-moins à la fin il fut contraint de conclure qu'il y avoit beaucoup à redire.

«Pour revenir au procès, il fut distribué à un conseiller le plus fantasque de tous; car je ne sçay par quelle fatalité la pluspart de ces gens-là deviennent à demy fous sur leur vieil-lesse. Les raisons les plus probables sont que pour la pluspart ils ont des âmes abjectes,

comme étant nais de parens de basse condition,
& que pour garder leur sotte gravité ils se se-
questrent des bonnes compagnies, & ne passent
leur temps qu'à des choses qui les rendent plus
stupides.

«Le rapporteur de mon père, parmy sa soli-
tude ordinaire, s'estoit rendu un vray misan-
thrope. La premiere fois que mon pere l'alla
voir, il le prit d'abord pour un crieur de tre-
passés, le trouvant sur sa porte sans aucune
suite, & luy pensa demander qui estoit mort
au quartier. Pour ce coup-là le conseiller ne
fit rien paroistre à mon pere de son humeur
bizarre; mais une autre fois il luy en montra
une partie; car il luy dit fort bien, comme il
luy racontoit son fait, qu'il estoit un ignorant,
qu'il ne sçavoit ce qu'il vouloit dire & qu'il luy
amenast son procureur, pour lui mieux expli-
quer son affaire.

«Il y avoit bien d'autres choses qui faisoient
maudire à mon pere l'heure qu'il avoit commencé de plaider; & enfin, quoy que luy
conseillast son avocat, il s'en alla trouver son
beau-père auquel il parla de s'accorder à telle
composition qu'il voudroit; & l'accord que

l'on luy en passa mit fin à toutes les plaideries & rendit camus les procureurs & les avocats. »

Cette manie de plaider finissait par se communiquer, à l'égal d'une contagion, des avocats aux parties, & la littérature du xviie siècle nous en a conservé un exemple pittoresque. «On voit bien, dans la comédie des *Plaideurs,* que l'aventure de Chicaneau avec la comtesse de Pimbèche est un sujet où l'auteur a eu quelqu'un en vue. Voici le fait : la comtesse de Crissé était une plaideuse de profession qui avait passé toute sa vie dans les procès. Le Parlement, fatigué de son obstination, lui défendit d'intenter aucun procès sans l'avis par écrit de deux avocats. Cette interdiction la mit dans une colère effroyable : elle alla porter ses plaintes à M. Boileau le greffier [1], chez qui se trouva par hasard le président de L... Cet homme, qui voulait se rendre nécessaire partout, s'avisa de donner des conseils à la com-

[1] Jérôme Boileau, greffier de la Grand' chambre du Parlement & frère aîné de Despréaux, qu'il installa dans son logement de la cour du Palais. Les amateurs d'histoire littéraire liront avec intérêt, sur la vie de famille des deux frères, Ed. Fournier, *Paris démoli,* 1883, surtout les pages 155-173.

tesse. Elle les écouta d'abord avec avidité, mais à un malentendu qui survint entre eux, elle crut qu'il voulait l'insulter & l'accabla d'injures. M. Despréaux, qui était présent à cette scène, en fit le récit à M. Racine qui, l'ayant un peu accommodé au théâtre, l'inséra dans sa comédie des *Plaideurs*. La première fois qu'on joua cette comédie, on donna à l'actrice qui représentait la comtesse de Pimbèche un habit de couleur de rose sèche & un masque sur l'oreille, qui était l'ajustement ordinaire de la comtesse de Crissé [1]. »

Il est un sujet, par sa nature, il est vrai, un peu délicat, que nous ne pouvons passer sous silence comme un symptôme singulier des idées & des mœurs de ce temps : c'est un éminent avocat au Parlement de la fin du XVIᵉ siècle, Anne Robert, qui a contribué à le mettre en lumière dans un plaidoyer [2] sur *la visitation & congrès* & sur la dissolution du mariage pour cause d'impuissance, qu'il réprouve sans hési-

[1] VIGNEUL-MARVILLE, *Mémoires d'histoire & de litterature*, t. III, p. 298-300.
[2] Voir le recueil de ses *Arrêts*, Paris, 1611; liv. IV, chap. X.

tation. «Pardonnez-moi, chastes oreilles, si en une chose honteuse, mes paroles ressentent je ne sais quoi de peu chaste & de honteux. On fait coucher une fille tout de son long, étendue sur le dos, les cuisses écarquillées, l'une deçà, l'autre delà : on voit clairement les parties honteuses, lesquelles la nature a voulu cacher pour le plaisir & contentement des hommes. Les matrones, qui sont sages-femmes & vieilles, & les médecins les regardent attentivement, les manient, les ouvrent. Le juge qui est là présent fait bonne contenance & s'empêche de rire. Les matrones qui assistent se ressouviennent de leurs anciennes chaleurs qui sont dès longtemps refroidies. Les médecins, selon leur âge, se ressouviennent de leurs premières forces. Les autres, faisant des empeschés, se repaissent d'un vain & inutile spectacle. Le chirurgien, ou bien tenant un instrument fait tout exprès, qu'ils appellent le miroir de la matrice, ou avec un membre viril fait de cire ou d'autre matiere, sonde le gué de l'entrée de l'antre vénérien; il fait l'ouverture, dilate, étend & élargit les lieux. La fille, couchée tout de son long, sent la partie qui la démange tellement, qu'encore qu'elle se soit fait visiter étant vierge, elle ne sort point toutefois de là qu'elle ne soit corrompue & gâtée. C'est honte d'en dire davantage.»

Quant à l'origine même de cette singulière coutume, on l'attribue assez vaguement à un jeune homme qui, accusé peut-être un peu légèrement d'impuissance, offrit de faire voir ce dont il était capable en présence de chirurgiens & de matrones. L'official diocésain accepta l'épreuve qui réussit; & les autres officialités suivirent l'exemple. En 1640, l'avocat général Bignon demandait «qu'on bannît cette action du congrès, qui est sale & honteuse, que la corruption des mœurs avait introduite depuis cinquante ans seulement». Un arrêt de février 1677 en interdit la pratique à tous juges, même d'église.

Les avocats au Châtelet étaient tenus d'arriver à l'audience «après le soleil levant, l'espace qu'ils puissent avoir ouï une messe avant». Ainsi s'exprimait en 1327 une ordonnance sur laquelle Charles V revint quarante ans plus tard. «Sitôt que la première messe de Saint-

Jacques-la-Boucherie sera chantée, l'audience du Châtelet sonnera la cloche pendant l'espace de dire un septseaumes (l'un des sept psaumes de la pénitence), & à ceste heure viendront & seront tenus venir à la cour les avocats & les procureurs pour delivrer leurs causes.» A la fin du siècle suivant, un règlement spécial leur ordonne de prêter «serment de loyalment patrociner. Ils doivent venir à 7 h. du matin & ne pas se retirer sans licence. Chascun avocat aura quatre causes à l'audience & pas plus : ils recevront pour les causes communes 10 l. p., pour les causes grosses & subtiles 16 l.; s'il y a petite cause ou gens pauvres, ils se paieront modérément & courtoisement, sans demander si grant sallaire». Ces avocats au Châtelet jouirent de tout temps d'une considération marquée; à peu près confondus, au cours du xviiie siècle, avec les avocats au Parlement, c'est devant cette dernière juridiction qu'ils prêtaient leur serment annuel. Le lieutenant civil d'Argouges exigea, en avril 1727, qu'ils prêtassent encore serment devant lui, ce qu'ils refusèrent. «Il y a eu bien du mouvement au Châtelet. Les avocats qui plaident devant cette juridiction, de concert avec ceux qui plaident seulement au Parlement, ont prétendu qu'ils ne devaient le serment qu'au Parlement. Le lieutenant civil a été piqué, & dans l'idée peutêtre de les faire revenir au serment à la rentrée de Pâques, il a cherché, pendant deux ou trois jours, à les molester en n'appelant que des placets de procureurs. Les avocats, qui étaient à l'audience jusqu'à près de midi sans plaider une cause, se sont aperçus de l'affectation & se sont tous retirés du Châtelet. Il y a eu, au Palais, une assemblée de l'ordre, dans laquelle il a été proposé que tous ceux qui occupaient une certaine position déposassent 10 louis (c'est-à-dire 240 l.) entre les mains de M. le bâtonnier, afin de soulager ceux du Châtelet qui, n'ayant pas d'emploi, ne sauraient subsister. Le lieutenant civil a vu que cela devenait sérieux & allait perdre sa juridiction, d'où l'on retirerait toutes les grandes affaires s'il n'y avait plus d'avocats. Il a été obligé d'aller rendre visite à M. Guyot de Chesne, bâtonnier, & de lui demander d'engager MM. les avocats à revenir plaider au Châtelet, lui promettant d'en user dorénavant avec eux à l'ordinaire. Cette démarche a dû coûter infiniment à un lieutenant civil & surtout à M. d'Argouges qui est un homme de qualité & d'une grande fierté[1].»

En dehors des avocats & des greffiers, le Parlement comptait deux cents procureurs[2] & quelque quatre-vingts notaires. Les procureurs, eux, étaient au XIV⁵ siècle des hommes d'affaires chargés par procuration de paraître en justice pour des tiers : ils touchaient leurs émoluments, leurs vacations, leurs frais de voyage & de séjour.

Au XVI⁵ siècle, le premier devoir d'un procureur au Parlement était l'exactitude : l'audience s'ouvrait aussitôt après la messe célébrée au point du jour dans la petite chapelle de saint Nicolas, que nous connaissons déjà. Démolie au commencement du XIV⁵ siècle, rebâtie sous Henri II & encore une fois aux frais des procureurs, après l'incendie de 1618, elle leur servait tous les ans pour la célébration de la messe solennelle qui marquait, au lendemain de la Saint-Martin, l'ouverture du Parlement.

[1] Journal de BARBIER, avril 1727.
[2] Les prédécesseurs directs, jusqu'à la Révolution, de nos avoués.

C'était la *meße rouge,* où le Parlement paraissait en robes rouges; à l'issue du service, la confrérie faisait distribuer des chandelles à tous les avocats & procureurs qui venaient de renouveler le serment annuel.

Durant l'audience, les procureurs étaient tenus à un silence rigoureux : défense de s'approcher d'un confrère, de lui expédier des billets & d'envoyer des clercs au greffier ou de lui apporter aucune pièce; ils devaient «se seoir es sieges ordonnés pour eux», derrière les avocats & ne pas quitter l'audience sans motif. C'est là qu'ils suivaient avec attention la plaidoirie de leur avocat pour y conformer leurs conclusions, ou celle de leur adversaire pour en tirer si possible la matière de quelque argument. Jusqu'au milieu du XVIe siècle, ils restaient à genoux durant tout le discours de leur avocat & se relevaient ensuite, se bornant à garder une attitude déférente & à se découvrir quand il prenait ses conclusions. L'audience durait jusqu'à 10 heures, en carême jusqu'à 11, & l'après-midi de 2 à 5 heures; ils passaient la plus grande partie de la journée dans la Grand'-salle, œuvre d'Enguerrand de Marigny, l'une des plus belles, des plus vastes qu'on connût. Dallée de marbre blanc & noir, couverte d'une voûte en chêne qui reposait sur des piliers du même bois, ornée de dorures sur fond d'azur & des statues des rois depuis Pharamond, elle se terminait à l'une de ses extrémités par la petite chapelle de saint Nicolas, à l'autre par l'immense table de marbre noir où les connétables & les maréchaux tenaient les audiences de leur juridiction spéciale, où les rois donnaient des banquets lors d'un mariage, d'un couronnement, de l'arrivée d'un souverain étranger, sur laquelle les clercs de la Basoche, puis les Enfants sans soucy donnaient leurs représentations. Cette table disparut dans l'incendie de 1618.

Autour de la salle & de ses sept piliers, les libraires avaient leurs comptoirs & les procureurs leurs bancs de bois, disposés en forme de tables pour permettre d'écrire. Chaque procureur avait le sien où il attendait les plaideurs, communiquait avec ses clients, donnait des ordres à ses clercs & recevait les exploits des sergents. A part les bancs & les comptoirs, la salle n'avait guère changé jusqu'en 1871. La foule y était incessante & le bruit assourdissant.

Les procureurs au Parlement, honorés du titre de «maistres», prenaient rang, dans la hiérarchie, après les avocats & avant les notaires. Au temps de François Ier ils portaient la barbe, & plus d'un passait à la peigner plus de temps que ne l'eût voulu l'étude de ses sacs. Les *solliciteurs de procès,* qu'ils regardaient de fort haut, s'avisèrent un beau jour d'adopter la barbe à leur exemple. Grande colère des procureurs qui se plaignirent amèrement au premier président de l'insolence des solliciteurs qui « n'ont laissé pousser leurs broussailles animales que pour ressembler aux procureurs & leur enlever leur clientèle». Ils prirent dès lors le parti de se raser, laissant aux solliciteurs leur barbe.

Issus du clergé comme la plupart des professions libérales, ces légistes en portaient aussi, ou peu s'en faut, le costume. Aux xive & xve siècles, c'était en général un surcot à larges manches avec un capuchon à grand collet. Du xve au xviiie siècle, le procureur portait la robe à grandes manches avec le rabat, & jusqu'à Henri II la soutane avec la ceinture & le chaperon à bourrelet pour venir prêter serment; depuis lors, le chaperon fit place au bonnet carré. Les procureurs au Parlement portaient le même costume que ceux du Châtelet, mais leur rabat de fine batiste était plus long, & la houppe du bonnet était en soie au lieu d'être en laine. La miniature d'un manuscrit conservé à la Bibliothèque nationale représente le fameux Robert d'Artois comparaissant en juin 1319 devant le roi en un lit de justice au milieu des pairs & des gens du Parlement. L'accusé est assisté de plusieurs défenseurs debout près de leur banc en robe longue sans traîne; par-dessous ils portent des maillots noirs collants & des chausses pareilles. Celui qui porte la parole est en robe rouge doublée d'hermine, d'autres sont en robe violette. Tous sont rasés, quelques-uns seulement tonsurés. Quelques magistrats portent des toques plates ou des calottes, bien que le chaperon fût la coiffure habituelle des gens de loi. Les avocats, en qualité de chevaliers es lois, portent le chaperon fourré d'hermine de la noblesse, tandis que les procureurs le portent sans hermine.

Voués à un travail assidu, les procureurs

étaient affranchis par la modestie de leur condition de la lettre des règlements qui interdisaient aux magistrats la chasse, les bals publics,
le jeu, les comédiens; ils affectaient cependant
de s'y soumettre par imitation des parlementaires. Que leur restait-il dès lors comme dis-
traction? Le jeu de boules, pour lequel ils
montraient un penchant proverbial. C'est au
quai Saint-Bernard que Regnard, par la bouche
d'un de ses personnages de comédie, nous les
montre faisant leur partie. «Je me suis arrêté
à jouer à la boule avec quatre procureurs.»
Et le bailli Balthazar, dans ses *Aßises facetieuses
tenues à Gentilly,* cite personnellement l'un
d'eux : «Nabert, Nabert, ne vous amusez pas
tant à jouer à la boule, & venez plaider.»

Confinés dans une vie sédentaire, presque
sans fréquentation mondaine, ils menaient une
existence simple & dépourvue de tout confort,
surtout ceux du Châtelet; ceux du Parlement,
en majorité, témoignaient quelques aspirations
plus relevées : contraste qu'exprime bien *La
Fête du village,* de Dancourt, dans un dialogue
entre deux procureurs appartenant aux deux
juridictions.

« Nacquart. L'argent n'est fait que pour s'en servir.

« Blandineau. Oui, mais il y auroit du ridicule à un simple procureur au Châtelet comme moi.

« Nacquart. Procureur, tant qu'il vous plaira : quand on gagne des biens, il en faut jouir; il y auroit un très grand ridicule à ne pas le faire.

« Blandineau. Mais autrefois, m^e Nacquart...

« Nacquart. Autrefois, m^e Blandineau, on se gouvernoit comme autrefois. Ne voudriez-vous pas supprimer les mouchoirs parce qu'autrefois on se mouchoit avec sa manche ?

« Blandineau. Je suis ennemi des superfluités : je me contente du nécessaire, & je ne sçache rien au monde d'aussi beau que la simplicité du temps passé.

« Nacquart. Oui, mais, si comme au temps passé on vous donnoit 3 s. p. ou 2 carolus pour les écritures que vous faites payer aujourd'hui 3 ou 4 pistoles, cette simplicité-là vous plairoit-elle, m^e Blandineau ?

« Blandineau. Oh pour cela non, ce ne
sont pas nos droits que je veux simples, ce sont
nos dépenses. »

Tout procès donne lieu à des dépens : de
là les tarifs qui avaient pour objet de les maintenir dans de justes limites. Tandis qu'un avocat au Parlement pouvait élever ses prétentions
jusqu'à 30 livres, un procureur ne put longtemps dépasser 10 livres « pour toute la querele ».
Au xive siècle, une ordonnance abrogea ce dernier tarif, le réduisant « es taxations en telle
moderation & honnesteté, selon la qualité des
personnes & des causes, & qualitez des la-
beurs, que nul n'eust cause de soy plaindre
de charge ou exaction indue, & de ce furent
chargées les consciences des conseillers ». Les
procureurs restaient donc à la merci des magistrats, intéressés eux-mêmes à prolonger la
procédure dont chaque formalité leur rappor-
tait un salaire proportionné des gens pour lesquels « ils besoignoient »; ils étaient amenés
ainsi à devenir moins les protecteurs des justiciables que les fauteurs des abus. Dans les
domaines seigneuriaux, il en allait de même,

témoin le dicton mélancolique qui avait cours
à l'époque :

Le baillif vendange, le prévost grappe,
Le procureur prend, le sergent happe,
Le seigneur n'a rien s'il ne leur eschappe.

Il est probable que, stricts vis-à-vis des procureurs, ces juges contrôleurs étaient plus in-
dulgents pour eux-mêmes. Nous connaissons
les *épices*[1] que, depuis longtemps, ils recevaient, à titre de politesse, du plaideur qui avait
gagné son procès. Les ordonnances interdi-
sant les dons de robes ou pensions autorisaient
les menues victuailles. D'usage courant aux
xvᵉ & xviᵉ siècles, plus tard encore, elles furent
ridiculisées par Racine. Les juges y comptaient,
& Eust. Deschamps, qui fut bailli de Senlis à
la fin du xivᵉ siècle, nous apprend qu'ils ra-
brouaient quiconque s'avisait de lésiner.

L'en souloit presenter jadis
Aux juges & baillis royaulx,
Dont li usaiges est faillis,
Des meilleurs vins viex & nouveaulx
Qu'on peust finer, en deux vaißeaulx

[1] Consistant à l'origine en dragées ou fruits confits.

Cours, gros, ventrus & a deux mains (anses);
Mais plusieurs s'en paſſent à mains (moins),
Qui font bien du sextier chopine [1],
Dont je, comparadour, me plains,
Les clercs & ceuls de la cuisine.

Que sont devenus perdris,
Faisans, venaisons, lapperiaulx,
Lyevres, pigeons, connins (lapins), cabris,
Oues, chappons, poucins, aigneaulx,
Carpes, lus (brochets), braymes & barbiaux,
Poiſſons de mer, fromaiges sains?
Contre honneur sont les dons reſtrains;
Il n'eſt qui donne une geline (poule);
Dont je, comparadour, me plains,
Les clercs & ceuls de la cuisine [2].

De leur côté, les avocats & les procureurs
ne restaient pas inactifs & «festoyaient les juges
a la requeste & aux despens de leurs parties»;
le scandale des «dons corrompables» était notoire & pénétra jusque dans la littérature. La
sotie de *L'Ancien Monde*, écrite en 1498, repré-
senta la magistrature sous les traits du *Sot-Cor-*

[1] An lieu d'un setier offrent une chopine.
[2] *Poésies morales & hiſtoriques*, édit. Crapelet, p. 130.

rompu dont la passion dominante était de «gripper».

Tous grippaient; & nous avons vu plus haut, dans l'entretien de m[es] Nacquart & Blandineau, que toute leur corporation n'avait pas d'autre souci. C'en est assez, semble-t-il, pour justifier les accusations que les gens de lettres, au xviie siècle, multiplient même sous le voile humoristique. Pour Racine[1], un chien de garde doit assaillir les procureurs au même titre que les voleurs.

> *Quand avons-nous manqué d'aboyer au larron?*
> *Témoins trois procureurs dont icelui Citron*
> *A déchiré la robe.*

Le type de cette engeance était le personnage flétri par Boileau dans le vers si connu de sa Satire I :

> *J'appelle un chat un chat, & Rolet un fripon.*

Furetière s'empara de ce nom qu'il dut, sur la plainte de l'intéressé, changer en Rollichon, puis en Vollichon, dans le portrait de

---

[1] Voir les *Plaideurs,* acte III, sc. iii.

son procureur[1]. « C'estoit un petit homme trapu, grisonnant, & qui estoit de mesme aage que sa culotte. Il avoit vieilly avec elle sous un bonnet gras & enfoncé qui avoit plus couvert de meschancetez qu'il n'en auroit peu tenir dans cent aultres testes & sous cent aultres bonnets, car la chicane s'estoit emparée du corps de ce petit homme de la mesme maniere que le demon se saisit du corps d'un possédé. Il avoit la bouche bien fendue, ce qui n'est pas un petit avantage pour un homme qui passe sa vie à clabauder, & dont une des bonnes qualités, c'est d'estre fort en gueule. Car ses yeux estoient fins & esveillés; son oreille estoit excellente, car elle entendoit le son d'un quart d'escu de cinq cents pas. Et son esprit estoit prompt pourveu qu'il ne le fallust pas appliquer à faire du bien. Jamais il n'y eut d'ardeur pareille à la sienne, je ne dis pas tant à servir ses parties comme à les voler. Il regardoit le bien d'autrui comme les chats regardent un oiseau dans une cage, à qui ils taschent, en sautant autour, de donner quelque

[1] *Roman bourgeois,* liv. I.

coup de griffe. On peut juger qu'avec ces belles qualités il n'avoit pas manqué de devenir riche & en mesme temps d'estre tout à fait descrié. Ce qui avoit faict dire fort à propos que c'estoit un homme dont tout le bien estoit mal acquis à la réserve de sa réputation. »

C'est lui, Furetière, qui avait suggéré à Racine l'idée de sa comédie dans un souper chez un traiteur de la rue du Cimetière-Saint-Jean, où se réunissaient encore Boileau, Chapelle & quelques jeunes seigneurs.

Le public, d'autre part, savait depuis longtemps à quoi s'en tenir, & ses doléances avaient trouvé leur juste expression dans une pièce détachée qui parut vers le même temps : *L'Adieu du plaideur à son argent*[1].

> *Adieu, mon or & mes piſtolles,*
> *Adieu, mes belles eſpagnolles,*
> *Adieu, mes escus au soleil :*
> *Meſſieurs les maiſtres des requeſtes*
> *Et les advocats du conseil*
> *Auront de quoy paſſer les feſtes.*

[1] Voir FOURNIER, *Variétés hiſtoriques & littéraires*, 1855; t. II, p. 197 & suiv.

Adieu, mes amoureux testons,
Adieu, mes larges ducatons,
Adieu, mes quarts d'escu de France.
Les coppistes & les commis
Ne m'ont point laissé de finance
Et m'ont pillé mes bons amis.

Vrayment il n'estoit ja besoin
De vous apporter de si loin,
O belles & riches medailles,
Pour vous donner à des larrons,
A des voleurs, à des canailles
Qui vous font servir de jettons.

Qui penseroit qu'auprès du roy
Des voleurs nous donnent la loy,
Et que leurs vols & brigandages
Surpaßent même les larcins,
Les rapines & les outrages
Qui se font sur les grands chemins?

Plaideurs qui avez des affaires,
Que dites-vous des secretaires
Et des clercs de vos rapporteurs?
Que dites-vous de l'avarice
Et de l'humeur de ces voleurs
Qui vendent ainsi la justice?

Allez-vous plaider au conseil ?
On ne vous void point de bon œil
Si vous n'y portez des pistolles.
Il y faut laißer vos escus
Et n'emporter que des paroles
Pour y estre les bien venus.

Il faut presenter le ducat
Et l'escu d'or à l'advocat
Pour acquerir ses bonnes graces,
Et si le clerc n'a de l'argent,
Il vous fera laides grimaces
Et ne sera jamais content.

J'eſpargnerois les procureurs ;
Mais on m'a dit que les meilleurs
Sont les plus grands larrons de France.
Ils sont donc beaucoup de larrons,
Car je vous dis en aßeurance
Que les procureurs sont tous bons.

Ayant touché de voſtre argent,
Il se monſtre plus diligent,
Mais c'eſt pour prendre davantage :
Car, ayant pris tout ce qu'il faut,
Il vous rescrit en son langage
Qu'il vous faut lever un deffaut.

Il vous escrit ainsi souvent
Pour avoir tousjours de l'argent ;
Si vostre cause n'est instruitte,
Il faut envoyer des quibus,
Afin d'en faire la poursuite :
Autrement on n'y songe plus.

Un advocat jamais ne volle,
Ne prenant que vingt sols du roole,
Mais escripvant trop amplement,
Il est indigne, ce me semble,
De plaider dans un Parlement
Et d'y escrire tout ensemble.

Or, pour les jeunes advocats
Ils ayment mieux fripper les plats
Que d'avoir le bruit de trop prendre.
Aussi ne vont-ils au Palais
Que pour gausser & reprendre,
Mais non pas pour plaider jamais.

Ils sont plustost aux galleries [1],
Auprès des marchandes jolies,
Que non pas dedans le barreau.
L'un courtise sa librairesse,
Voyant quelque livre nouveau :
L'autre faict une autre maistresse.

[1] Les galeries des libraires & merciers ou marchands de nouveautés, dans la cour & dans la Grand'salle du Palais.

Laißons-les donc, jeunes & vieux :
Car tout le mal ne vient pas d'eux,
Mais des soutanes d'eſtamine,
Je veux dire des procureurs,
Qui n'eurent jamais bonne mine
Qu'aux deſpens des pauvres plaideurs.

Bon Dieu, qui sçavez nos affaires,
Preservez-nous de ces corsaires ;
Gardez des voleurs les marchands
Et les mariniers des pirates ;
Preservez-nous de tels brigands
Et nous délivrez de leurs pattes.

Cartouche lui-même, le respectable Cartouche dit son fait à la corporation. « Où avez-vous servi ? » aurait-il demandé à un candidat en instance d'admission dans sa bande. — « Deux ans chez un procureur & six mois chez un inspecteur de police. » — « Tout ce temps vous sera compté comme si vous aviez servi dans ma troupe [1]. »

Il restait cependant aux malheureux plaideurs une ressource contre ces exactions. Ceux qui gagnaient leur procès trouvaient dans ce

[1] *Encyclopediana ;* Paris, 1843.

fait la meilleure des consolations. Pour les perdants, les *diminutions* intervenaient pour réduire en quelque mesure les charges qui leur incombaient : documents pleins d'intérêt par le jour qu'ils jettent sur les mœurs privées des siècles passés. Une fois l'arrêt rendu, le procureur de la partie gagnante présentait à la cour un état des frais du procès qu'avait à lui rembourser son adversaire : l'état était aussi signifié à ce dernier qui devait sans retard produire ses diminutions ou défenses à la taxation. Un membre délégué par la cour examinait le tout.

Les dépens comprenaient, en dehors des dépenses directes du procès, les faux frais : voyages, entretien, perte de temps même, dont le gagnant tendait toujours à grossir, le perdant à réduire le total. Le premier exposait tous les incidents de l'instance, comme quoi il demeurait loin de Paris, s'était mis en route tel jour, avec telle suite, s'était arrêté en telle ville, à telle auberge, dépensant tant par jour; à Paris il avait passé tant de jours, dépensé tant à chercher conseil, à requérir audience, à attendre l'issue du procès. L'autre contestait ces allégations, niant point par point les frais taxés : la distance n'était pas si grande & pouvait être franchie plus vite; le plaideur eût pu réduire son escorte, se contenter d'un valet au lieu de deux, aller à pied plutôt qu'à cheval.

Ces taxations, en principe, étaient assez justifiées; n'oublions pas qu'au xive siècle le Parlement de Paris, longtemps le seul, avait un ressort fort étendu; les plaideurs, tenus de comparaître en personne, devaient voyager avec une suite proportionnée aux difficultés & aux périls de la route, à leur rang, leur âge, leur sexe: En 1337, la dame de Lautrec, ayant gagné un procès à Paris, réclamait pour chacun de ses chevaux & valets 6 s. t. par jour. Les bourgeois n'emmenaient qu'un cheval ou deux avec un valet; l'allure ne pouvait être très rapide, les valets étant presque toujours à pied, qu'on couchait à l'auberge & qu'on ne changeait pas de chevaux. Le parcours moyen d'une journée, à cette époque, était de 10 à 12 lieues, presque le même que celui d'un voyageur au temps de Louis XIV.

Le conseiller taxateur notait, en regard de chaque article, *habeat* s'il l'approuvait, *habeat x* s'il le réduisait, *nichil* s'il le rejetait en bloc. Voici un procureur de province envoyé par son client à Paris qui compte : «pour VII jours à venir, VII à retourner & III mois demorer à Paris, chascun jour X sols, valent XLVII livres». Le juge note : *habeat IV libras* (qu'il touche 4 livres).

Dans un état de 1360, les dangers de la route, de Senlis à Paris, sont un élément de l'estimation : «car alors le temps estoit chier & perilleux». Cette considération touche peu le reviseur qui n'accorde que 16 s. au lieu de deux royaux d'or.

Ce sont bien souvent les écritures, les copies d'actes que conteste le reviseur, sous prétexte qu'elles ont atteint une longueur exagérée : «riens n'en devez taxer, quar s'est esbatus a faire grans escriptures».

Citons enfin le cas assez curieux d'un plaideur qui réclame 2,000 livres de dommages-intérêts pour une détention de quatre années, «& ainsy fu demenez en fers, sans ce qu'il peust oncques passer sur ses piés, ne voir lune ne soleil, ne qu'il feust oïs ne reçeus en raisons» ; le défendeur rétorque « que grant folie

est de requerre pareille somme », vu que « ledict Jehan estoit & est povres homs, de petit
estat».

L'époque de François Ier inaugura une ère
nouvelle dans l'histoire des procureurs : aisés
& considérés, d'esprit cultivé même, ils ont
bien dépassé leurs pauvres prédécesseurs qui
venaient au point du jour s'installer dans leurs
bancs de la Grand'salle. Ils ont désormais de
spacieuses études où travaillent parfois de 16
à 20 clercs, & des logements où le confort
se révèle à première vue; c'est l'un d'eux,
Legrand d'Anet, qui en 1627 apporta à Paris
les premiers services de porcelaine de Chine.
Le prix de leurs charges augmente dans la
même proportion. Sous Henri IV & Louis XIII,
une étude bien accréditée valait de 12 à 15,000 l.
(25 à 30,000 francs); sous le règne suivant,
20, 25, jusqu'à 30,000 livres. Leur beau temps
fut celui du système de Law, qui entraîna plus
de 40,000 procès dans tout le royaume & donna
fort à faire aux gens de justice. La valeur des
études s'en ressentit pour un temps, & plus
d'un procureur fit remonter à cette circonstance sa fortune; puis elle retomba à l'ancien

taux, où elle resta jusqu'à la fin de l'ancien régime.

A cette époque, remarquons-le au reste, leur moralité semble faire avec leur aisance d'heureux progrès, & les gens de lettres, naguère si impitoyables, commencent à leur montrer quelque égard. Un esprit nouveau, le sentimentalisme à la mode des âmes vertueuses, commence à percer, & l'on rencontre sur la scène des rôles de procureurs « nouveau jeu » :

Vous ne traînez donc pas les procès en longueur?

demande Lisette avec surprise[1].

> *Moi traîner*
> *Les procès en longueur? Ils me font tous horreur.*

Et Mercier lui-même, assez médiocrement disposé à leur égard, reconnaît qu'il y a des procureurs honnêtes. « Plusieurs ennoblissent leur profession par la vertu qui les orne toutes. Ils servent de modèle aux autres & méritent l'estime & la confiance du public. »

[1] Phil. Poisson, *Le procureur arbitre.*

Bien qu'au nombre de deux cents dès le
xive siècle, les procureurs au Parlement ne suffisaient pas à l'expédition des affaires; sur leur
demande, la cour leur adjoignit des jeunes
gens destinés à les seconder dans leur tâche en
se préparant à leur succéder plus tard : ce furent
les *clercs* des procureurs. Vivant dans la famille
de leur chef qui, loin de leur payer aucun
salaire, touchait à ce titre une pension de 4 à
500 livres, ils s'asseyaient à sa table & étaient
logés dans les combles. En tant qu'apprentis,
ils étaient employés à toutes les besognes in-
ternes : de porte-lanterne, de marmitons, d'ac-
compagnateurs en ville, de portiers pour les
clients. Au xviie siècle, l'étude n'était guère
encore qu'une échoppe au rez-de-chaussée. Le
procureur, qui passait la meilleure partie de sa
journée à son banc de la Grand'salle ou du
Châtelet, n'avait pas besoin de cabinet; s'il ne
sortait pas, il travaillait au milieu de son personnel. Les clercs du Palais, issus pour la plupart de familles notables & aisées, étaient destinés souvent à des postes dans la magistrature;
ils avaient une mise plus soignée, une tenue
plus réservée; de là une certaine supériorité

sur les clercs du Châtelet, juridiction inférieure, qui appartenaient à la petite bourgeoisie parisienne. Les uns comme les autres souffraient moins de l'humilité de leur condition que de leurs privations quotidiennes. En 1628, une querelle éclate entre les deux parties : les clercs, par l'organe d'un certain Tournabous, lancent une satire qui résume tous leurs griefs contre la nourriture : le pain qu'ils reçoivent a déjà été rongé par les enfants, la viande est de mauvaise qualité, ils sont tenus de quitter la table avant le dessert ; les jours maigres ramènent sans cesse la morue, & quand ils font faire du bouillon à leurs frais, la femme du procureur se permet d'en prélever sa part. Le logement est à l'avenant : méchant galetas avec un lit

> *Qui sent son hoſpital avec son marthelas*
> *Pourri, où de trois mois on ne change les draps.*
> *Là logent dans les bois les punaises puantes,*
> *Les aragnes, les poux, les puces frétillantes.*

Les procureurs ne firent pas attendre leur *Réplique* à Tournabous. Il ne faut pas, assure l'auteur anonyme, en croire les clercs : ce sont

de mauvais garçons. Enragés contre leur chef,
ils ne songent qu'à le faire partir pour le Palais
où il ne reste jamais assez longtemps, à leur
gré, & profitent de son absence pour se donner
du bon temps, pour exploiter sans obstacle les
clients. Ils vont faire ripaille & à leur retour
n'ont plus faim,

> ..... *aussi pleins qu'un œuf.*
> *Quand on vient à servir du mouton ou du bœuf,*
> *Ils trouvent qu'à leur goût la viande n'est pas bonne,*
> *Le vin pareillement & tout ce qu'on leur donne.*

Sortent-ils eux-mêmes pour aller au Palais,
au Châtelet, ils négligent leurs devoirs & ne
songent qu'à arranger quelque partie, vont
jouer aux boules. Si en quelques maisons

> ..... *sans chandelle & sans feu*
> *On les envoie coucher, c'est qu'ils sont mal soigneux.*

Plus d'un, faut-il s'en étonner? mal nourri
à table, cherchait à se procurer, par des intelligences secrètes avec les servantes, une com-
pensation nécessaire. Une pièce anonyme de
1624, *Le Pont-Breton*[1] *des procureurs,* déroule

[1] Terme appliqué à une sorte de chanson ou récit
populaire.

sous nos yeux une aventure de ce genre &
toutes les suites qu'elle pouvait entraîner. L'auteur feint d'être transporté, durant son sommeil,
à travers Paris où il passe en revue les procureurs dans leur intérieur & leurs relations
privées avec leur clercs. «Je tiray vers la rue
Dauphine, où j'appris qu'il y avoit eu querelle
entre le maistre, la maistresse & la chambriere,
pour ce que l'on prétendoit qu'elle avoit tiré
un demi-septier de vin au clerc outre son ordinaire. — «Comment, larronnesse, dit la
«procureuse, avez-vous esté si hardie de nous
«voller de la façon. Ce n'est pas d'aujourd'huy
«que vous usez de ces tours-là; je m'en estois
«bien apperceue, meschante & malheureuse
«que vous estes! Je vous feray bailler le fouet.
«Sus, qu'on m'aille querir un commissaire
«pour faire punir ceste galande. Vertu de ma
«foy, coquine! Je vous baille de bons gages,
«voire mesme plus que vous ne gaignez; outre
«cela, les clercs de mon mary vous donnent
«plus d'un escu par mois (du moins c'est mon
«intention), & neantmoins vous ne sçauriez
«vous empescher d'un larcin punissable. Allez,
«gueuse, quand il m'en devroit couster cin-

«quante escus, je vous feray pourrir en une
«prison». La servante toute esperdue par le
moyen de la crainte de ces espouvantables me-
naces : «Pensez-vous, madame, dit-elle, que
«je sois telle que vous dites? J'aymerois mieux
«estre morte. On me cognoist bien ; je suis
«aussi femme de bien que vous ; je n'ay jamais
«affronté personne. Puisque vous me jugez de
«cette qualité, je suis preste de m'en aller, en
«me payant.» Sur ces discours voicy arriver
le procureur, venant de son estude. La procureuse n'eut pas la patience de le laisser entrer
pour luy dire : «Monsieur, voyla une cagnarde
«qui nous volle ; elle a mesme ce soir tiré un
«demi-septier de vin à vostre maistre clerc.
«Pour moy, je ne suis pas resolue de l'en-
«durer.» — «Aussi ne l'entends-je pas», res-
pondit le procureur. S'adressant à la tireuse de
vin, qui trembloit comme la feuille : «Escou-
«tez, dit-il, ma mie, cela n'est pas beau de
«voller son maistre, du petit l'on vient au
«grand. Ignorez-vous qu'il y a eu des servi-
«teurs domestiques pendus pour cinq solz?»
La servante vouloit repliquer, lorsque la procureuse luy ferma la bouche, disant : «Tais-

«toi, effrontée! Mort de ma vie, je ne sçay
«qui me tient que je ne t'assomme.» La parole
du maistre donna trefve à cette querelle. Il fut
en son estude expres pour faire une reprimande
à ce maistre clerc. «Vrayment, dit-il, il fait
«beau veoir que vous suborniez ma servante
«pour vous faire tirer du vin! N'en avez-vous
«pas assez d'une chopine que je vous donne à
«chaque repas? Il y a beaucoup de procureurs
«qui n'en donnent pas tant à leurs clercs.» De
quoy ce clerc ne fit pas grand compte, ains se
retint, encor qu'il soit intollerable de se veoir
bailler quasi tous les jours du vent a guise
de viande, du vin mixtionné d'eau, des draps
estre trois mois en un lict...»

C'est sous Philippe le Bel & avec son autori-
sation que se constitua la confrérie des clercs
de procureurs qui a rendu si célèbres les *clercs
de la Basoche*[1]. Le but sérieux qu'ils mirent en

[1] Terme qui désigna dans l'antiquité les locaux réser-
vés au tribunal dans le palais même des rois (*basilica domus*),
& plus tard seulement affectés au culte chrétien. Le Palais
de justice ou siégeait le Parlement fut longtemps la demeure des rois : de là cette désignation passa aux clercs
de la *basilique* ou maison royale.

avant dès l'origine fut de vérifier le temps d'études des jeunes gens qui aspiraient à une charge
de procureur. Mais ils tinrent avant tout une
grande place dans la vie publique des siècles
passés par leurs fêtes & leur animation parfois
exubérante. Les écrivains du temps nous pei-
gnent le clerc de la Basoche comme brave,
hardi, beau parleur, prompt à la répartie; assidu au Palais & laborieux à l'étude, il était un
peu turbulent dans ses moments de liberté;
en même temps satirique mordant, il pouvait
pousser la critique jusqu'à l'injure publique.
Affichant quelque recherche dans sa tenue, il
portait l'épée ou le poignard à la ceinture, &
au temps de François Ier avait la barbe si longue
qu'un vieux recueil de poésies françaises, le
Blason des barbes de maintenant, put dire :

> *Clercs du Palais, basochiens,*
> *Pour faire des couples aux chiens*
> *Leur barbe sera bien propice.*

Au nombre de plusieurs milliers d'adhérents
ayant à leur tête un roi, puis un chancelier,
assisté de toute une hiérarchie de dignitaires
dont les titres, les attributions, la discipline

étaient modelés sur ceux du Parlement : référendaire, maîtres des requêtes, procureur général, avocat du roi, trésoriers, greffier, notaires, huissiers, même un aumônier, tous élus, cette confrérie exerçait, sur les différends survenus entre les clercs du Palais, sur les délits commis par eux dans leurs fonctions, une juridiction spéciale. De nombreux arrêts du Parlement, au XVIᵉ siècle, reconnaissent ce tribunal; l'un, d'avril 1545, défend aux basochiens de porter leurs différends ailleurs que devant le conseil de la Basoche, tout en recommandant à ce dernier «de traicter en bonne paix & amitié les supposts d'iceluy royaulme» & de vivre «amiablement» les uns avec les autres. La cour ordonna, également que les officiers de la confrérie fussent respectés, & en janvier 1621 elle condamna les nommés Portelet & de Courcelles, pour infraction à ce devoir, à une amende de 48 s.; ledit arrêt devait être lu à l'audience de la Basoche, «lesdits Portelet & de Courcelles y estant, teste nue».

Il nous est difficile, à défaut de documents suffisants, de préciser la compétence de cette juridiction; mais, en admettant même qu'elle

ne portât que sur les cas les plus légers, son
importance reste encore assez grande : n'oublions pas que la Basoche comptait jusqu'à
10,000 clercs & *suppôts :* artisans, taverniers,
fournisseurs qui ne pouvaient assigner ces jeunes
gens que devant leur tribunal. Chaque querelle,
chaque contravention donnait lieu à des procès, matière suffisante pour occuper une cour
qui siégeait publiquement deux fois par semaine.

Tous les ans à la Saint-Martin, après l'ouverture des audiences du Parlement, la Basoche ouvrait solennellement les siennes dans
la Chambre de saint Louis. Le roi portait la
toque, le chancelier seulement le bonnet &
la robe. Tout basochien devait être célibataire,
ni avocat, ni procureur. Enfin cette corporation avait à son service un barbier, un chirurgien, un médecin, un orfèvre, un gantier, un
papetier, un peintre, un rôtisseur, un pâtissier,
un cuisinier, un buvetier qui portaient dans
leur enseigne les armes basochiennes : trois
écritoires d'or sur champ d'azur surmonté du
timbre, casque & morion, & supporté par deux
anges. Le souvenir de cet emblème se reflète

dans un couplet qui date de la bataille de
Pavie :

L'encrier, la plume & l'espée
Estoient les armes de Pompée.
La Basoche est son héritière,
Elle en est fière.

Soldat clerc, le basochien
Est bon vivant & bon chrestien.
Vive la basoche!
A son approche
Tout va bien.

Le trésorier avait la charge de recevoir les
becs-jaunes ou nouveaux venus dans l'association & de percevoir le droit de bienvenue : un
teston du roi[1] ou deux, suivant la condition
des personnes. L'initiation était une affaire fort
importante, en dehors de laquelle le pauvre
béjaune était un peu regardé de haut.

Sommes-nous béjaunes
Ou cornarts? Où cuidez-vous estre?

demande le juge dans la farce de *Patelin*. En
mars 1443, un arrêt condamna des clercs pour

---

[1] Il varia, au cours du XVIᵉ siècle, de 10 s. à 3 l.

avoir maltraité un collègue, & leur défendit de faire payer «béjaux, beuverie, mangerie sans licence de la cour».

Chaque année le roi de la Basoche faisait une *monstre* ou revue générale de son peuple : les clercs & suppôts se divisaient par compagnies de 100 hommes, choisissaient un colonel, un capitaine, des lieutenants, des porte-étendard, & parcouraient la ville à la suite de leurs officiers à cheval, en grand costume, précédés de tambours & de hautbois. La fête se terminait par des danses, des jeux [1] &, plus tard, des moralités, farces ou soties que jouaient les clercs eux-mêmes.

Chaque compagnie portait le costume fixé par le capitaine de bande. En mai 1528, le capitaine Rolland Chanvreux adopta pour ses gens un costume de femme dont il fit peindre le modèle sur parchemin : ce fut *la bande des femmes*. Le clerc Colas Ami s'enrôla dans la compagnie, acceptant de fait le costume en question : cependant il ne se rendit pas à la *monstre*, fut condamné par le roi de la confrérie à une

[1] Représentations théâtrales.

amende de 10 écus & vit saisir son manteau comme gage du payement. On plaida en Parlement, & les premiers avocats du temps, de Thou, Guill. Poyet, Berryer, parurent au procès. Le plaignant allégua comme excuse de son absence la maladie dont le «roi» avait refusé de tenir compte. L'affaire fut renvoyée à la Basoche avec ordre de traiter «amiablement» ses ressortissants & de s'entendre avec Ami pour la restitution de son manteau.

Les «jeux» de la Basoche, succédant aux «mystères» des anciennes *confréries de la Paßion*, ont laissé une trace sensible dans le développement dramatique & la satire du moyen âge & de la Renaissance, en marquant le premier essai, dans notre pays, d'une comédie avec un caractère de gaieté un peu libre. En juin 1540, François Ier témoigna le désir d'entendre les jeunes acteurs, & Marot, qui faisait partie des Enfants sans soucy, longtemps leurs émules, parfois leurs collaborateurs, alla inviter le roi :

> *Basochiens à cour, sire, sont venus*
> *Vous supplier d'ouïr par le menu*
> *Les poinęts & traits de noßtre comédie.*

Ils prièrent même le Parlement de vouloir bien vaquer pendant la fête, en lui exposant qu'ils avaient besoin de se préparer à cet effet, & que, comme la réunion devait se tenir au Palais, «il se feroit grand bruit & tumulte en la Grant salle par les tambours & phifres qui sonneroient».

Les clercs du Châtelet, comme ceux du Parlement, s'adonnèrent à ces divertissements, & il y a lieu de présumer que plus d'une fois cette coïncidence donna lieu à de sérieuses querelles de jalousie : témoin le poète Roger de Collerye, contemporain de Marot, qui a écrit pour les deux basoches deux *cryz*, sortes de provocations assaisonnées des plus vives insultes où elles s'injuriaient réciproquement.

> *Ce sont poißards, piperaulx, mal mondains,*
> *Punect, infectz & puans comme dains...*
> *Empoignez-moi ces tripiers* [1] *a beaulx crins ;*
> *Dès aujourd'hui contre eulx je me presente.*

s'écrient ceux du Parlement.

[1] Ainsi qualifiés parce que le Châtelet était voisin de la grande boucherie de Paris.

«Leur bourse est malade, ce sont tous des retroux qui ont eu la cassade, & auxquels on fera un brouet & salade», répond-on de la part du Châtelet.

Vers 1442 ils jouaient des *moralités* portant, nous dit Miraulmont, l'historien du Parlement au xvi⁰ siècle, sur «les faultes des supposts & subjectz de la Basoche & plusieurs aultres plaisantes & secrettes galantises des maisons particulières indifféremment, sans respect ni exception des personnes»; ce n'étaient pas, sans doute, les premières, car, la même année, le Parlement inaugura sa répression contre des licences qui ne s'étaient apparemment affirmées que par degrés. Les *moralités,* par leur côté éducatif & moralisateur, rappelaient les mystères : fut-ce donc la cause de leur insuccès? Peu en accord avec les mœurs licencieuses du temps, elles disparurent devant les farces & soties, qui ridiculisaient les vices, fourberie, débauche, avarice. Les auteurs allèrent jusqu'à mettre en scène les escapades de quelques clercs du Palais ou les aventures scandaleuses de personnages en vue, de la noblesse & du clergé.

Du milieu du xv⁰ siècle à la fin du xvi⁰,

le Parlement rendit d'innombrables arrêts, tantôt pour autoriser, tantôt pour interdire ces spectacles, parfois même pour accorder une subvention. En 1477, il défendit au «roi» Jehan Lesveillé & à ses compagnons de jouer farces, moralités ou soties au Palais ou ailleurs sous peine d'être fustigés par les carrefours de la ville & bannis du royaume.

En mai 1486, une sotie un peu vive fut jouée, sans doute sur la table de marbre, contre le gouvernement de Charles VIII : cinq clercs, dont le fameux poète Henri Baude, rendaient hommage au roi comparé à une source fertilisant le royaume, mais ils se plaignaient que le cours de la justice, tel que celui d'un ruisseau, fût troublé par les bourbiers & gravois :

Et tout ainsi qu'herbes, racines,
Roche, pierre, boue & gravois
La course des fontaines vives
Empeschent bien souvantes fois.

Circonvenu par les rancunes des courtisans, le roi fit saisir les délinquants & voulait les envoyer au château de Melun : la protection du Parlement sauva Baude qui fut relâché.

Louis XII, plus indulgent, rendit aux clercs toute leur liberté de critique contre les abus. «Luy estant raporté un jour que les clercs de la Basoche du Palais avoient joué des jeux où ils parloient du roy, de sa court & de tous les grandz, il n'en fist autre semblant, sinon de dire qu'il falloit qu'ils passassent leur temps & qu'il leur permettoit qu'ils parlassent de luy & de sa court, non pourtant desreglément, mais surtout qu'ils ne parlassent de la reyne sa femme en façon quelconque; autrement qu'il les feroit tous pendre[1]. »

Le règne de François Iᵉʳ marqua l'apogée de leur liberté : à son entrée solennelle dans Paris, le roi assista à l'Hôtel de ville à un repas au cours duquel les clercs lui demandèrent à jouer des pièces, offrant même de lui en soumettre le manuscrit.

> *Et s'il y a rien qui pique ou mesdie,*
> *A voſtre gré l'aigreur adoucirons...*
> *Si vous tiendra pour père la Basoche,*
> *Qui ose bien vous dire sans reproche*
> *Que de tant plus son règne fleurira,*
> *Voſtre Paris tant plus reſplendira.*

[1] Brantôme, *Discours sur la reine Anne de Bretagne.*

Il excepta, il est vrai, de sa tolérance toutes attaques contre sa mère Louise de Savoie, & en décembre 1516 il fit arrêter trois joueurs de farces qui avaient représenté la vieille princesse sous les traits de *Mère sotte,* toute occupée à piller les finances de l'État. La fin du xviᵉ siècle vit les dernières de ces représentations scéniques.

Les travaux professionnels de nos clercs au Palais & dans leurs études, leurs rapports avec les poètes contemporains, tout contribuait, en leur donnant le goût de la satire & du théâtre, à leur en suggérer l'application aux causes qu'ils entendaient plaider, aux procédures qui journellement passaient sous leurs yeux, avec les piquants traits de mœurs qui les illustraient. Ainsi s'explique l'origine de la *cause graſſe* qui se plaidait le jour de carême-prenant ou mercredi des cendres : elle portait sur un cas facétieux ou grivois, rappelant quelque aventure arrivée à un homme de loi, ou à tel autre personnage en vue. Nos jeunes basochiens lui donnaient une forme juridique & la plaidaient, pour s'exercer à l'art de la parole, dans des séances solennelles où la cour basochienne siégeait en robe, & les auditeurs venaient en foule : des magistrats même du Parlement ne dédaignaient pas d'y assister. «Il est d'usage à cette date, explique l'avocat Dareau, de plaider une cause solennelle depuis neuf heures jusqu'à midi. Le sujet est inventé : il porte ordinairement sur un fait de sédition ou le mécontentement d'un mari. La pudeur y était très peu ménagée anciennement. M. le premier président de Lamoignon donna des ordres pour qu'on y mît plus de décence.» Martial d'Auvergne, qui fut au xve siècle pendant cinquante ans procureur au Parlement, rappelle dans le XIe de ses *Arrêts d'amour* une plaidoirie prononcée *devant le maistre des forests & des eaues sus le faict du gibier d'amour, entre une jeune dame & un sien serviteur, jadis amy.* «Et disoit ladicte demanderesse que a un soir bien tard qu'il faisoit chauld, elle & ledict amant & plusieurs de ses amys voisins s'en allerent baigner & chasser aux poissons; & furent les uns mys en ordonnance pour tenir les filletz, & les autres pour courir devant le poisson. Or advint que en courant ledict amoureux, qui avoit tousjours l'œil sur elle & plus que à prendre le poisson, se vint aborder a l'encontre d'elle, & en un moment il lui feit le jambet [1], tellement que cette pauvre femme cheut à terre, & que sa cotte simple fut mouillée & gastée dedans la riviere. Et ne fut pas encore content, mais en faisant semblant de la relever il luy meit la main sur le tetin, & la pressa tres fort, dont elle fut toute esmeue, & fut au lict malade par bien long-temps. Par quoy elle requeroit à l'encontre dudict amant qu'il en fust tres griefvement puny, & tellement que les autres y prinssent bon exemple.

«De la partie dudict amant fut dict au contraire que il est vray que ladicte dame & plusieurs autres prindrent complot de leur baigner & chasser aux poissons. Et puis fut ledict amant mis à l'avantgarde pour chasser ledict poisson devant, & elle estoit d'un autre costé. Si advint que il marcha sur un gros caillou qui le feit tomber sur elle, tellement que tous deux cheurent dedans l'eaue. Mais ne s'estoit point fait de mal, car l'eaue n'estoit point grande,

[1] Lui donna un croc en jambe.

& si estoit en plein sablon. Et disoit oultre sus sa foy que en cheyant il ne l'avait tastée ne pincée, ne n'eut pas le loisir de ce faire, pour l'eaue dont il estoit tout esblouy. Or disoit-il que de la cheute il n'en pouvoit mais, car le cas estoit advenu qu'il ne l'a pas fait cheoir à son escient. Et au regard de la cotte simple & autres habillemens d'elle qu'elle disoit estre gastez, aussi avoyent esté les siens. Et par ces moyens tendoit à fin d'absolution & de despens.

«Le procureur d'Amour dessus le faiét des eaues & des forestz disoit que par les ordonnances il est deffendu de ne point chasser à engins par lesquelz l'on puisse prendre tetins dans l'eau, & requeroit que cest amant fust condemné en une bonne & tres grosse amende.

«Mais lediét amoureux disoit au contraire que ce n'estoit raison; car il n'avoit touché aux tetins, dont il ayt souvenance. Et si d'aventure sa main y avoit frayé, qu'il ne confesse encore pas, si ce auroit esté en tombant & chéant, & estoit force qu'il se soustint à quelque chose. Et pour ce concluoit à fin d'absolution.

«Sur quoy ladiête demanderesse disoit que la cheute estoit trop lourde, & qu'il ne se pouvoit excuser, car il avoit faiêt d'aguet apensé & propos délibéré pour parvenir à ses attaintes. Finablement parties ouyes, elles furent appoinêtées contraires & en enqueste. Et ladiête enqueste faiête & le procès appoinêté en droiêt, le maistre des eaues & forestz condemna par sa sentence lediêt amoureux deffendeur à faire à ladiête dame une cotte verde[1] simple en lieu de la sienne qui avoit esté gastée, & dire ces mots à genoulx : «Ma dame, par l'ordonnance «de justice je suis contrainêt de me venir rendre «à vostre grace & mercy ; si vous prie que vous «prenez en gré ceste robbe que je vous donne «de bon cueur. Et au regard du demourant, ne «vous en souvienne plus, car sur ma foy je «ne le feis onc en intention de vous cour- «roucer, ains aimeroye mieux estre mort.» Et au surplus furent les despens recompensez d'un costé & d'autre.»

Une autre facétie du même genre, *Les As-*

---

[1] *Cotte verte,* terme gaillard pour dire : mettre le derrière d'une dame ou demoiselle à nu sur l'herbe.

sizes tenues à Gentilly par le sieur Baltazar, bailly de Saint Germain des Prez [1], est consacrée à mettre en relief les vices & les tares des procureurs. C'est une suite de scènes satiriques, peignant des assises imaginaires tenues par l'ombre d'un certain Baltazar, en son vivant assez mal famé. Il s'assure le concours d'un greffier «auquel il feist prester le serment de ne se point laisser corrompre en sa charge pour remplacer les deniers dotaux de sa femme qu'il avoit baillez a constitution aux jeux de paumes & cabaretz», & du sergent Grimbert, bien que «sa plus grande suffisance fût de boire au Chapeau-Rouge». Les causes sont appelées, & d'abord celle de Bignon l'aîné.

— Monsieur le bailly, fait celui-ci, je vous prie de me dispenser de plaider pour ce jour-d'huy, car je suis encores tout esmeu d'avoir esté pourchassé des sergens à l'occasion de l'une des garses qui loge chez moy, & puis, Monsieur, je ne suis pas en forme pour plaider.

On appelle l'affaire de Vasseur.

— Petit Vasseur, petit Vasseur, n'entretenez

[1] S. l. (Paris) 1623; pièce in-12.

plus de damoiselles à la rue Beaubourg, & prenez vostre robbe.

— Monsieur, elle est engagée pour ma despence & pour avoir payé le chirurgien qui m'a pensé ces jours passez.

— Plaidez en manteau.

— Monsieur, je plaide pour deux bourgeoises qui demeurent dans la Cité; l'une desquelles est femme d'un sergent qui nourrit un perroquet pour l'appeler soir & matin «Petit Jehan», & l'autre est femme d'un maistre en faict d'armes, lesquelles, encore qu'elles soyent grandes amyes, ont un differend pour le droict d'aynesse en leur mestier : l'une dict que la qualité de son mary donne tant de lustre & tant d'avantage à sa condition, qu'encores qu'un officier du Roy la fréquente fort privément, néantmoins qu'on n'en parle qu'à la sourdine; l'autre maintient devoir avoir le premier boucquet en la compagnie des dames d'honneur de la déesse Cythérée, puisqu'elle s'est mise auparavant elle en la confrairie; tellement, Monsieur, que je me trouve fort empesché sur cette contestation; car, n'ayant rien appris qu'à friponner dans l'estude de deffunct mon pere, suis contrainét de compter le faiét purement & simplement.

— Ecrivez, greffier.

«Attendu que le petit Vasseur a recognu qu'il n'avoit appris qu'à friponner, nous luy avons donné lettres de sa declaration, & l'avons déclaré propre & suffisant pour plaider seulement pour les filles d'amour...»

On passe à la cause de Gayen.

— Monsieur, il est question en cette cause d'une injure faiéte à mon beau-frère : la partie adverse est le fils d'un president de la Chambre des comptes; lequel sans faire aucun estat des loix establies & constituées en faveur du mariage, a faiét en sorte de gaigner les bonnes graces de ma sœur; possédant lesquelles, il s'est trouvé en une nopce & là, malgré son mary, il l'a caquetée, baisée, tastonnée & mené danser par plusieurs & diverses fois. Ce que desplaisant à mon beau-frère, il a voulu s'opposer à toutes ces menées & empescher totalement ce dessein : au moyen de quoy la partie adverse qui ne craind ny les rets (rasés) ny les tondus a pris entre les mains d'un sien laquais un gourdin & en a battu & outragé mon diét beau-frère, lequel pour toute deffence n'a peu faire autre chose que de prendre la fuitte & de chier dans ses chausses de peur, laissant sa femme à l'abandon, ainsi qu'il avoit volontairement faict autrefois. Cependant ceste esmotion & ces outrages lui ont donné une si forte fiebvre que toutes les parties de son corps en sont debilitées; il n'y a pas jusqu'à son front qui s'en est si fort attendry que l'on y voit deux durillons germer en forme de cornes ainsy qu'à un jeune bouvillon. C'est pourquoy, Monsieur, je requiers que la partie adverse soit condamnée pour reparation à fournir aux fraiz du mesnage de mon beau-frère pendant six mois.

Les gens du roy prennent leurs requisitions.

— Monsieur, cette cause devroit estre rendue aussi publicque que la femme de celuy pour lequel on vient presentement de plaider; c'est un mary qui a esté battu & outragé à l'occasion de sa femme, laquelle par son effronterie & sa vanité a faict banque de ses bonnes graces au fils d'un president de la Chambre des comptes; c'est pourquoy nous trouvons bon, puisque les coups de baston ne peuvent estre ostez, qu'ils demeureront à la partie de

Gayen pour recompense de sa lascheté, sauf a luy par cy apres de tenir en bride sa femme...

Enfin l'arrêt : — Escrivez, greffier.

«Sur la plainéte judiciaire faiéte ce jourd'huy par devant nous par la partie de Gayen pour raison des coups de baston qu'il a receuz publiquement a cause de sa femme, nous avons ordonné qu'ils luy demeureront quant a present par maniere de provision.»

Les basochiens s'étaient montrés trop mordants dans la satire. Dès le milieu du xvi⁰ siècle, ils rencontrèrent des difficultés croissantes à jouer leurs pièces; bientôt on ne leur permit même plus de monter sur la table de marbre. Ils prirent leur revanche la plume à la main & écrivirent les morceaux qu'ils ne pouvaient plus déclamer. Mais leurs farces & soties n'étaient plus de simples parodies, & ne se bornaient plus aux mésaventures de famille : elles annonçaient déjà, par leurs critiques contre la royauté, la noblesse, l'église, la magistrature, l'esprit de réforme libérale qui prélude aux temps nouveaux. La sotie de l'*Ancien Monde,* l'une des plus curieuses à cet égard, se plaint que rien n'aille plus sur cette terre : *Abus* vient régner à sa place, avec *Sot-Diſſolu, Sot-Glorieux, Sot-Corrompu, Sot-Trompeur, Sot-Ignorant* qui représentent respectivement le clergé, la noblesse, les gens de loi, le commerce, &c.

SOT-DISSOLU.

Voule, voule, voule, voule, voule,
Ay ha ha, toy toy; voule, voule,
Ribleurs [1], *chaſſeurs, joueurs, gormens*
Et aultres gens plains de tormens,
Seigneurs diſſolutz, appoſtates,
Yvrognes, napleuz [2], *à grans haſtes*
Venez, car voſtre prince eſt né.

SOT-GLORIEUX.

A l'aſſault, à l'aſſault, à l'aſſault, à l'aſſault,
A cheval, sus en point, en armes.
Je ferai plourer maintes larmes
A ces gros villains de villaige.

Ils se mettent tous à reconstruire un monde nouveau qui doit reposer sur des colonnes; on commence par celle de *Sot-Diſſolu* : rien ne peut tenir, & c'est à grand'peine qu'on en vient à bout tant bien que mal.

[1]. Voleurs.
[2] Atteints du mal de Naples.

II.   7

La colonne de *Sot-Glorieux* est critiquée plus âprement encore, s'il est possible.

> *Libéralité interdite*
> *Est aux nobles par avarice;*
> *Le chief mesme y est propice,*
> *Et les subjets sont si marchans*
> *Qu'ilz se font laiz, sales marchans;*
> *Nobles suyvent la torcherie.*

La colonne de *Sot-Corrompu* passe à son tour : «Prenez Justice pour en establir le fondement», dit celui-ci.

ABUS.

> *Si tres fort a esté cassé*
> *Qu'il ne tient ne a chau, ne a sable.*

Employez *Corruption* de préférence : où donc la chercher?

> *Mais au Palais, à la Grant salle,*
> *C'est le lieu où plus a fiance.*
> *Tiendroit-elle point audience*
> *Avec les chapperons fourrez?*
> *Dieu! que par eulx sont maintz folz raiz* [1]
> *Sans rasoir, sans eau & sans pigne.*

[1] Rasés.

C'est encore aux basochiens que nous pouvons attribuer la farce de *Maiſtre Patelin,* qui remonte soit à la fin du xive siècle, soit au xve : tant de traits dénotent une vieille habitude des mœurs judiciaires, tant d'observations ne peuvent être le fait que de légistes de profession! C'est une satire dirigée par les clercs du Palais contre des individus qu'ils voyaient journellement, qui vivaient au milieu d'eux; Patelin était le type de ces pauvres diables d'avocats véreux qui, dès les premiers temps du Parlement, s'abattirent sur le Palais pour rançonner le client inexpérimenté ou sans défense.

Nous avons rappelé la *monſtre* ou revue des clercs : la plantation du *mai* était l'autre grande fête annuelle de la communauté, remontant presque aussi haut qu'elle même, au xive siècle. Le chancelier qui avait, depuis le milieu du xvie siècle, remplacé le roi, présentait au Parlement une demande presque toujours accordée. La solennité était tellement entrée dans les mœurs qu'il n'eût pas fallu moins qu'un cas exceptionnel, comme il se présenta en 1589, «vu les troubles & la calamité du temps», pour en interrompre le retour. Un arrêt de juin 1541 autorisa même le receveur des amendes, Nic. Hardy, «a payer, bailler & delivrer aux tresoriers & receveurs generaux du royaume de Basoche la somme de 60 l. pour avoir fait executer & jouer sur la table de marbre deux criz, l'un aux Roys, & l'autre à la my-caresme, & au mois de may dernier fait venir & planter les mays». Les détails de la cérémonie étaient réglés par les trésoriers. En mai, ils s'entendaient avec les tambours, trompettes & violons, avec le gantier pour la fourniture des gants, & le mercier pour celle des livrées, tantôt bleues & blanches, tantôt bleues & jaunes. Après avoir obtenu du maître des eaux & forêts promesse de livraison de deux arbres pour *le plant du may,* ils prévenaient la Basoche du jour où l'on irait marquer les arbres dans le bois de Bondy ou de Livry : en général un dimanche de la fin de mai. Le jour venu, le chancelier avec sa troupe se trouvait dans la cour du Palais; à sept heures du matin le cortège en grand uniforme & précédé du drapeau de la communauté, don de la reine Anne d'Autriche, se mettait en marche, aux sons de la musique, pour la forêt, où remise lui était faite des deux arbres. L'avocat général des clercs prononçait une harangue, puis on dînait sur place. Au retour, le chancelier & ses dignitaires rendaient visite aux présidents, procureur général & avocat général du Parlement; trois jours durant, ils donnaient des aubades dans la Salle du Palais en l'honneur de ces messieurs; le samedi suivant, au bruit des fanfares, ils plantaient, en remplacement de ceux de l'année précédente, les deux nouveaux arbres, ornés des trois écritoires, armes de la Basoche, de rubans & d'écussons à la date de la fête, au pied du grand escalier, dans la cour d'honneur qui en garda le nom de *cour du mai.*

Malheureusement ces rassemblements donnèrent lieu plus d'une fois à des excès qui entraînèrent la répression & une restriction graduelle de la fête. En 1555, le Parlement défendit aux chancelier, trésorier & suppôts de la Basoche de « planter leur may en armes & assemblées, ains doucement & paisiblement, à peine de s'en prendre à eux ».

Au xviiie siècle, la fête était beaucoup plus calme : les clercs avaient commis dans les forêts royales des dégradations à la suite desquelles le Parlement dut réduire le nombre des participants : ils se réunissaient à cette époque le 1er mai, au nombre d'une trentaine, se promenaient dans Paris à cheval, en armes & en uniforme, &, après les aubades traditionnelles, partaient pour Bondy.

A cette époque aussi, la condition des clercs s'était sensiblement améliorée. L'augmentation des affaires avait chassé l'étude du rez-de-chaussée : établie au premier étage, celle-ci montrait une tenue meilleure. Les consultations s'étaient transportées des bancs du Palais dans le cabinet du procureur qui, présent plus souvent, surveillait le travail de son personnel. Les clercs, plus cultivés, commençaient à avoir un extérieur plus avenant, à se plaindre moins de la nourriture & du logement.

Les notaires, dont l'origine, bien modeste encore, remonte aux Romains, apparaissent dans notre pays, dès le viie siècle, comme dépositaires ou rédacteurs publics des actes privés. Dès la création de la prévôté de Paris, au XIIᵉ siècle, ils ressortirent au Châtelet. Au XIIIᵉ siècle déjà, leur nombre, monté de 60 à 117, parut excessif. Philippe le Bel y pourvut en excluant les plus ignorants & les plus décriés par leur avidité ou leurs mœurs. Mais ces *expulsés* ne restèrent pas à court d'expédients : ils continuèrent à fonctionner sous main, ce que voyant les *conservés* obtinrent l'ordonnance de 1317, qui mit fin à l'irrégularité. « Nous ordonnons, disent les *Ordonnances du Louvre,* que pourvu que[1] il ha plusieurs notaires moins suffisans & de mauvaise vie, si comme l'en dit, que s'en enquerra de ce, & osteront les commissaires à ce deputez ceulx qui tels seront, & y mettra l'an bonnes personnes, & ceux contre qui les commissaires qui a ce seront deputez enquerront, ils les suspendront tout premierement de leurs offices. » Les notaires se plaignaient que leurs concurrents interlopes leur enlevassent, à force d'intrigues, toutes les affaires, tandis qu'eux-mêmes restaient dans leurs

[1] Vu que.

bancs [1] à attendre les bribes dédaignées par des rivaux sans scrupules.

Au xive siècle, les notaires affichaient un faste excessif : ils avaient des maisons magnifiques, des valets, des meutes, des logis de campagne, & rivalisaient de luxe avec les avocats. Jean le Malingre & Cl. Loiseleur possédaient chacun quatorze maisons dans la Cité. Le premier était seigneur de Gonesse ; à Paris, le service de sa maison comprenait cinquante-deux personnes, serviteurs de tout ordre, aumônier, barbier-étuviste, *physicien* (médecin) & fraters (garçons chirurgiens). Loiseleur, lui, tenait table ouverte, où il recevait toute la société cultivée, entre autres G. Delorme, organiste des Saints-Innocents, & J. Dumerle, organiste de la Sainte-Chapelle. Comme marguillier de Sainte-Madeleine dans la Cité, il

---

[1] Chaque notaire avait, dans la grande salle du Châtelet, un banc à son nom. Assez grossier sous saint Louis, ce banc devint plus élégant au siècle suivant, & leurs titulaires rivalisèrent de conceptions artistiques pour attirer la clientèle. Pierre Dormezan fit exécuter sur le dossier de son banc *La Pêche miraculeuse*; Jehan Gauthier le Furet, *La Multiplication des Pains dans le désert,* deux fort belles sculptures de l'Italien Rugolini.

traitait, aux grandes fêtes de l'année, non seulement le clergé de la paroisse, mais encore cent cinquante pauvres. Sa femme, Sarah la Tabellionne, fille d'un Juif converti, traversait la ville, montée sur une riche haquenée, précédée d'un page & suivie d'un écuyer éthiopien. Dans les grandes occasions, elle portait sur elle plus de 40,000 ducats de pierreries, de diamants & de bracelets.

Le pouvoir royal voyait de mauvais œil ce faste & l'avidité qui l'alimentait : il établit une taxe sur « ces gros chapperons fourrez ». Le roi Jean les rappela, en outre, à l'observation des dimanches & fêtes religieuses. Ne pouvant paraître ces jours-là au Châtelet, ils tournaient la défense en s'installant dans des locaux voisins : parloirs de couvents, boutiques, salles de cabarets, & dépêchaient dans tout le voisinage leurs plus jeunes clercs avec mission de *rabattre* la clientèle : de là le titre de *saute-ruiβeau* qui leur est resté jusqu'à nos jours. Ces jeunes chasseurs recevaient, à titre de stimulant, une prime de 6 d. par client. Le notaire Math. Laisné, neveu du curé de Saint-Barthélemy dans la Cité, & jouissant par suite d'un certain crédit auprès du personnel de Saint-Leu, dans la rue Saint-Denis, qui en était une succursale, s'établissait chaque dimanche dans une petite pièce, sous le clocher de cette dernière, & y travaillait aussi librement que chez lui. Il avait un petit clerc dont l'activité & l'entregent lui amenaient chaque fois de quarante à cinquante clients.

Au xve siècle, les notaires conquièrent une place grandissante dans la bourgeoisie parisienne par leurs lumières & leur probité : ils prennent part à tous les mouvements publics, sont mêlés à toutes les grandes affaires tout comme la magistrature & le barreau : si bien que Charles VI d'abord, puis Louis XIV & Louis XV reconnurent la compatibilité de leur profession avec le privilège de noblesse.

Les bancs ou charges de notaires, conférés gratuitement sous Louis IX [1], cessèrent de

[1] Cette gratuité n'excluait pas le payement au titulaire de la charge d'une indemnité par son successeur : c'était le *pot de vin*. De 10 à 20 écus d'or (600 à 1,200 francs aujourd'hui) jusqu'au xive siècle, il monta jusqu'à 80 écus d'or (15,000 francs) sous Louis XI. La vénalité, introduite par François Ier, remplaça les gratifications plus ou moins volontaires par un prix d'achat régulièrement débattu. Au

l'être lors de la guerre des Anglais, qui imposa de si pressants besoins d'argent à la royauté; François Ier en institua définitivement la vénalité. Leur clientèle, qui en déterminait le taux, variait, non suivant le talent ou l'activité du titulaire, mais suivant la place qu'occupait son banc. Les douze premiers faisant face à la rivière, ceux du grand & du petit guichet, le banc du crucifix sous le grand Christ de fer, passaient pour les plus achalandés & se payaient en conséquence. Vers la fin du règne de Henri II, les notaires délaissèrent leurs bancs du Châtelet pour ouvrir en ville des études où leur ancienne vogue les suivit. Les bancs eux-mêmes ne bougèrent pas, portant toujours le nom & l'adresse de leur titulaire. Ils devenaient insensiblement la proie de l'oubli, lorsque la populace de la Fronde, dédaigneuse des souvenirs vénérables du passé, envahit le Châtelet & prit son plaisir à les brûler sur le Pont au Change. Stupidement brutale à son ordinaire, elle n'épargna même pas les deux chefs-d'œuvre

xvie siècle, une charge valait de 12,000 à 18,000 livres (aujourd'hui 40,000 francs), au siècle suivant, de 15,000 à à 20,000 livres, & au xviiie, 25,000 & jusqu'à 35,000 livres.

de Rugolini, que les étrangers admiraient encore en 1640.

Les barbares introduisirent dans les Gaules, pour tous les cas d'attentats contre les personnes, la coutume de la vengeance privée, à peine atténuée par le système du rachat ou *composition,* régime de pur arbitraire. Les *Eſtabliſſements de saint Louis,* le plus ancien code du moyen âge qui nous soit parvenu, fixent une progression régulière dans le système des peines : c'était un certain progrès sur le passé, & quoiqu'il atténuât bien des châtiments, la pénalité en était encore singulièrement rigoureuse. Les faux monnayeurs, les brigands, les meurtriers, les traîtres étaient pendus & leurs corps traînés; les voleurs d'églises perdaient les yeux; les hérétiques, les sorciers, les femmes adultères étaient brûlés. On coupait l'oreille au voleur pour un cas simple, on perçait la langue avec un fer chaud au blasphémateur. Au point culminant de ce système pénal se dressait la question : *préparatoire,* si elle ne devait qu'arracher au prévenu l'aveu de son crime ou la désignation de ses complices; *préalable,* quand elle précédait comme aggravation de châtiment la peine capitale ; *ordinaire* ou *extraordinaire,* suivant la durée & la rigueur des tortures infligées. Mais, dans tous les cas, le patient devait rester au préalable huit à dix heures sans manger.

A Paris, on pratiqua longtemps la question *par l'eau,* à la fois la plus cruelle & la moins dangereuse. Le patient, étendu sur une table, était immobilisé par des cordes ; puis on lui serrait le nez avec les doigts pour le forcer à avaler en versant lentement dans sa bouche quatre *coquemars* d'eau (environ 9 litres) dans la question ordinaire, le double dans la question extraordinaire. L'épreuve terminée, il était détaché « & mené chauffer dans la cuisine », dit un vieux texte.

Plus tard, on préféra les *brodequins.* La victime était assise sur un banc grossier ; après avoir entouré ses jambes de fortes planchettes fixées par des cordes, on faisait entrer à coups de maillet entre les planches séparant les deux jambes quatre coins de bois ou huit, selon les cas ; une semblable pression faisait parfois éclater les os des jambes.

La question préparatoire était appliquée,

non par le bourreau, mais par le *tourmenteur juré,* qui faisait la dépense & les apprêts voulus pour l'exécution par le feu, fournissait les échelles du gibet, les chaînes de fer, &c. Après la question préalable, le condamné passait des mains du tourmenteur juré dans celles du *maistre des haultes œuvres,* le plus infime des officiers de justice. Ses lettres royales de commission étaient enregistrées au Parlement, mais, après les avoir scellées, le chancelier, dit-on, les jetait dédaigneusement sous la table. Le bourreau n'était pas admis à habiter en ville, si ce n'est sur les dépendances immédiates du pilori. En revanche, il jouissait de certains privilèges : le droit de *havage,* en vertu duquel il prélevait sur toute charge de grain amenée aux Halles la quantité qu'il pouvait prendre avec la main, se servant, à cet effet, d'une cuiller en bois pour garantir les denrées de la souillure de son contact; le péage du Petit-Pont, des redevances sur les chasse-marée, les vendeurs de harengs, de cresson; une amende de 5 s. sur les porcs errant dans les rues[1]. Outre la dé-

[1] Ce droit subsista jusqu'en 1775.

pouille des suppliciés, il touchait un droit sur les boutiques environnant le pilori, un droit (parfois une tête de cochon) pour chaque exécution faite sur le territoire d'un monastère, une redevance annuelle de cinq pains & cinq bouteilles de vin sur l'abbaye de Saint-Martin-des-Champs. Le total de ces diverses rétributions constituait une source de revenus assez rondelette, qui finit par atténuer quelque peu le préjugé populaire contre ce personnage. En 1418, le bourreau Capeluche, alors capitaine de la milice bourgeoise, vint en cette qualité toucher la main du duc de Bourgogne à son entrée solennelle avec la reine Isabeau. En outre, la populace lui attribuait l'expérience pratique de certaines maladies contre lesquelles le *mire* restait impuissant, & allait lui acheter à haut prix de la graisse de pendu, qui passait pour une merveilleuse panacée.

L'exécution était précédée de l'*amende hono-rable : simple,* elle se passait dans la Chambre du conseil où le condamné, nu-tête & à genoux, reconnaissait que « faussement il avoit dict ou faict quelque chose contre l'autorité du roy ou l'honneur de quelqu'un, & en demandoit

pardon à Dieu, au roy & à justice »; *publique,*
elle obligeait le condamné, pieds nus, en chemise, la corde au cou & suivi du bourreau, à
porter un cierge jusqu'à la porte d'une église,
où il s'agenouillait pour répéter la même formule.

Les supplices étaient infiniment variés : au
xviᵉ siècle, le criminaliste flamand Damhoudere
en énumérait jusqu'à treize sortes. « Bruslez,
dit Rabelais, tenaillez, cisaillez, noyez, pen-
dez, empalez, espaultrez, desmembrez, exen-
terez (arrachez les entrailles), decoupez, fri-
cassez, grislez, tronconnez, crucifiez, bouillez,
escarbouillez, escartelez, debesillez (cassez les
bras), dehinguandez (cassez les reins), carbon-
nadez ces meschans. »

Quand un malheureux devait être *ars,* on
érigeait au lieu désigné un poteau autour
duquel on élevait jusqu'à hauteur d'homme
un bûcher composé de paille & de bois; on
avait soin de ménager un espace libre devant
le poteau pour placer le patient & un passage
pour l'y conduire. Revêtu d'une chemise souf-
frée, lié de cordes & de chaînes, il était conduit
au poteau; le passage une fois comblé avec de

la paille & des fagots, on mettait le feu de tous les côtés à la fois.

« Aujourd'hui lundi 6 (juillet), on a brûlé en place de Grève, publiquement, à 5 heures du soir, deux ouvriers âgés de dix-huit & vingt-cinq ans, que le guet a trouvés en flagrant délit dans les rues le soir, commettant le crime de sodomie. On a cru que la peine avait été commuée à cause de l'indécence de ces sortes d'exemples, qui apprennent à bien de la jeunesse ce qu'elle ne sait pas. Bref, l'exécution a été faite pour faire un exemple. Le feu était composé de sept voies de petit bois, de deux cents de fagots & de paille. Ils ont été attachés à deux poteaux & étranglés auparavant. »

La décollation s'opérait au moyen d'une épée à deux mains, ou glaive de justice. En 1476, le bourreau de Paris toucha 60 s. p. « pour avoir acheté une grande espée à feuille, & pour avoir faict remetre à poinct & rabiller la vieille espée qui s'estoit esclatée & ebreschée en faisant la justice de messire Loys de Luxem-bourg ». De bonne heure, le privilège de ce supplice fut réservé à la noblesse : ainsi fut exécuté, lors de l'insurrection Cabochienne, le prévôt de Paris, Pierre Des Essarts. « Le premier jour de juillet 1413 fut ledit prévost prins dedens le Palais, traisné sur une claye jusques à la Heaumerie, & puis assis sur ung ais en la charrette tout jus (tout en bas), une croix de bois en sa main, vestu d'une houppelande noire, déchiquetée, fourrée de martres, une chausses blanches, ungs escafinons (souliers) noirs en ses piez; en ce poinct mesné es halles de Paris, & là on lui couppa la teste & fut mise plus hault que les aultres plus de trois piez... Et saichiez que quand il vit qui convenoit qu'il mourust, il s'agenouilla devant le bourrel, & baisa ung petit image d'argent que le bourrel avoit en sa poitrine, & lui pardonna sa mort moult doucement, & pria à tous les seigneurs que son faict ne fust poinct cryé tant qu'il fust descollé, & on lui ottroya. Ainsi fut descollé Pierre Des Essarts, & son corps mené au gibet & pendu au plus hault [1]. »

L'écartèlement, l'un des plus atroces supplices que rappelle notre histoire, & fort ancien, ne fut, dans la période la plus moderne, guère

[1] *Journal d'un bourgeois de Paris,* édit. Poujoulat, t. II, p. 638.

appliqué qu'aux régicides. On commençait d'ordinaire par couper la main du condamné, lui brûler le poignet sur un brasier, le tenailler aux bras, aux cuisses, aux seins, & verser sur ces plaies de l'huile bouillante ou du plomb fondu. Mais ce n'étaient encore là que des préludes.

On fixait aux membres du malheureux des cordes étreignant les jambes jusqu'aux genoux & les bras jusqu'aux coudes : ces cordes étaient tirées par quatre vigoureux chevaux. Ceux-ci donnaient d'abord tour à tour de petites secousses; le supplicié sentait ses membres se désarticuler & poussait de grands cris de douleur. A ce moment on excitait les quatre chevaux à la fois pour tirer tous les membres du même coup. Si les tendons & les jointures continuaient à résister, le bourreau y pratiquait, pour faciliter l'opération, des entailles à l'aide d'une hachette. Les quatre membres enfin détachés, on les réunissait au tronc qui parfois respirait encore, pour les brûler sur un bûcher ou exposer le corps sur un gibet & les membres sur des piques de fer aux portes de la ville. Ainsi furent exécutés Ravaillac en 1610 & Damiens en 1757.

8.

«A 3 heures Damiens est parti de la Conciergerie dans un tombereau avec le bourreau & ses deux confesseurs, pour se rendre à Notre-Dame faire l'amende honorable. Il n'était escorté que par des archers de robe courte & des officiers à cheval. Après l'amende honorable Damiens a été conduit à la Grève, toutes les boutiques & fenêtres garnies de monde pour le voir passer. Arrivé dans l'enceinte garnie tout autour d'archers à pied & à cheval, il a monté à l'Hôtel de ville, il y est resté près d'une heure & on l'a redescendu, comme on l'avait monté, dans une couverture. Il est resté près d'une demi-heure assis vis-à-vis de l'échafaud, qu'il regardait tranquillement, tandis qu'on préparait tout son supplice.

«Le supplice a commencé vers 5 heures, la main brûlée, le tenaillement avec le plomb fondu, lors duquel il a fait des cris terribles. Ensuite il a été écartelé, ce qui a été long, parce qu'il était fort. On a même été obligé d'ajouter deux chevaux de plus, quoique les quatre fussent vigoureux. Comme on ne pouvait parvenir à l'écarteler, on est monté à l'Hôtel de ville demander aux commissaires la permission de donner un coup de tranchoir aux jointures, ce qui a été refusé d'abord pour le faire souffrir davantage; mais à la fin il a fallu le permettre. Les deux cuisses ont été démembrées les premières, ensuite une épaule, & alors le patient a expiré à 6 h. & quart, après que les quatre membres & le corps ont été brûlés sur le bûcher. Le criminel a souffert les plus grands tourments pendant plus de cinq quarts d'heure avec assez de fermeté. Il a fait des cris, mais il n'a proféré aucun jurement, soit à la question, soit au supplice.

«Les toits de toutes les maisons dans la Grève & les cheminées même étaient couverts de monde. On a remarqué qu'il y avait beaucoup de femmes, & même de distinction, qu'elles n'ont point quitté les fenêtres, & qu'elles ont mieux soutenu l'horreur de ce supplice que les hommes; ce qui ne leur fait pas honneur [1].»

Le supplice de la roue fut importé d'Allemagne au temps de François Ier en vue des assassins & des voleurs de grands chemins. Deux

---

[1] Journal de BARBIER, mars 1757.

poutres jointes en croix de Saint-André recevaient le condamné dont chaque membre était
étalé sur l'une des branches de la croix. Le
bourreau, armé d'une large barre de fer, portait deux coups violents sur chaque membre de
manière à produire une double fracture ; deux
ou trois *coups de grâce* sur la poitrine assuraient
le succès de l'opération. Le patient une fois
mort, on détachait son cadavre pour le fixer
sur le cadre extérieur d'une roue qui tournait
horizontalement sur un pivot.

La *hart* ou potence fut, jusqu'à la fin de
l'ancien régime, le supplice le plus fréquent.
Chaque ville, presque chaque bourg avait
une potence permanente que l'usage de garder les cadavres jusqu'à ce qu'ils tombassent
en poudre laissait rarement à vide. A Paris,
les *fourches patibulaires* de Montfaucon comprenaient une assise & des piliers en pierre d'une
hauteur de 10 mètres, reliés entre eux par des
traverses de bois auxquelles on suspendait par
des cordes ou des chaînes les corps de suppliciés : de longues & solides échelles permettaient
au bourreau de faire monter ses condamnés.
Les proportions en étaient si vastes qu'en

temps ordinaire on y voyait toujours pendre de 50 à 60 cadavres. En une seule fois il fallut renouveler 52 chaînes usées. Le sinistre engin servit jusqu'au temps de Louis XIII; une partie de l'emplacement fut alors affectée à la sépulture des suppliciés que le bourreau & ses aides y apportaient de nuit, à la lueur des torches : le reste disparut en 1761.

Lors des exécutions, le patient, assis ou debout dans une charrette, le dos tourné au cheval, avait un confesseur à son côté, le bourreau derrière lui. Il portait au cou trois cordes : deux, les *tortouses,* de la grosseur du petit doigt & pourvues d'un nœud coulant; enfin une troisième, le *jet.* Le bourreau gravissait l'échelle à reculons, en faisant monter son client après lui. Arrivé en haut, il assujettissait rapidement les *tortouses* au bras du gibet, & d'un coup de genou, en gardant le *jet* dans sa main, il lançait l'homme dans le vide. Il poussait le scrupule jusqu'à s'assurer, par des pesées exercées avec le pied sur les mains liées du pendu, que la mort était réelle. Ces mots, en effet, qui reviennent plus d'une fois dans les arrêts criminels : «jusqu'à ce que mort s'ensuïve», n'étaient pas une simple formule. Il pouvait arriver que le patient fût simplement suspendu par une corde passée sous les bras, en une sorte d'exposition publique : l'opération, prolongée au delà des forces du pauvre diable, n'était pas exempte de danger, comme il arriva dans une occasion fameuse.

«On fit hier, 30 juillet (1722), une exécution extraordinaire. Le frère de Cartouche, âgé de 15 ou 16 ans, condamné aux galères à perpétuité, devait en outre être pendu sous les aisselles pendant deux heures; il cria beaucoup au commencement & demanda qu'on le fît mourir, parce que la pesanteur du corps faisait descendre tout son sang à la plante des pieds, ce qui est la souffrance des pendus. Ensuite la langue lui sortit, & il ne lui fut plus possible de parler. Sans attendre les deux heures, on le conduisit à l'Hôtel de ville, mais il était trop tard, il mourut sans pouvoir se confesser; en sorte qu'en voulant lui sauver la vie, on le fit souffrir beaucoup plus qu'un autre [1].»

[1] Journal de BARBIER, t. I.

Une addition aggravante portait parfois que le condamné serait *traîné sur la claie,* c'est-à-dire mené à Montfaucon, soit en vie, soit déjà mort, étendu sur une lourde échelle en charpente attachée à l'arrière-train d'une charrette.

Quant au *pilori,* qui ne comportait qu'une exposition infamante, c'était une tour polygonale de plusieurs mètres de hauteur, avec de grandes baies ouvertes dans l'épaisseur du mur, bâtie au centre des Halles : une partie mobile, tournant sur un pivot, était percée de trous où s'engageaient la tête & les mains du condamné. Celui-ci y était exposé trois jours de marché successifs, deux heures chaque fois, & de demi-heure en demi-heure le mouvement du pilori le faisait passer à la ronde sous les regards & les sarcasmes de la foule.

Nous ne saurions poursuivre l'énumération de tous les supplices usités à Paris en diverses époques; au XVIe siècle, la conscience éclairée de Montaigne en condamnait l'horreur qui dépassait le but poursuivi par la justice. « Tout ce qui est au delà de la mort simple me semble pure cruauté, & notamment à nous qui devrions avoir respect d'envoyer les âmes en

bon estat: ce qui ne se peut, les ayant agitées
& désespérées par tourments insupportables.»

On sait quelle place tenait dans tous les
rangs de la société du moyen âge les sciences
occultes, héritage du paganisme : des plus
grands seigneurs aux simples hommes du
peuple, une foule de gens se livraient avec
une entière conviction à ces vieilles pratiques,
conjuration, pacte avec le diable, envoûte-
ment, dont ils croyaient rajeunir l'effet en
y mêlant les formes & le vocabulaire du
christianisme. Dans une société ignorante &
grossière, à laquelle un clergé tout aussi cor-
rompu enseignait l'action permanente du diable
plus peut-être que celle de Dieu, peut-on
s'étonner que des esprits bornés fussent hantés
par la pensée de cet être surnaturel, & cher-
chassent à obtenir son assistance; qu'ils pous-
sassent l'égarement au point de s'imaginer
subir une action directe de «l'ennemi», &
la métamorphose de leur personnalité? Dans
cet état d'inconscience & d'irresponsabilité si
bien caractérisé par la psychiâtrie moderne, les
malheureux étaient amenés à commettre bien

des actes criminels & des profanations que les tribunaux, vengeurs de la religion outragée & de la morale sociale, poursuivaient avec la dernière rigueur. Les chroniques & les mémoires du temps ont conservé le souvenir de nombreux procès de sorcellerie, dont les particularités, tour à tour sinistres & grotesques, nous font descendre dans les ténèbres de l'âme du moyen âge. Tel est le cas dont le célèbre Delamare, commissaire au Châtelet, nous a laissé le curieux récit [1].

Dans la Brie, non loin de Paris, plusieurs bergers usaient de maléfices & de sortilèges pour faire mourir le bétail, attenter à la vie des hommes, à l'honneur des femmes & des filles, & jeter l'épouvante dans la contrée. On en arrêta quelques-uns, le juge de Pacy instruisit leur procès, & leur interrogatoire révéla, avec l'existence des sortilèges, la composition des sorts dont ils usaient pour faire périr le bétail. Déposés dans un pot de terre, ces sorts étaient ensuite enterrés, soit sous le seuil des étables, soit sous le chemin que les bêtes suivaient

---

[1] Dans son *Traité de la police*, t. I, p. 563-564.

habituellement. Tant que le sort y restait ou que son auteur était en vie, le bétail continuait à périr; «& une circonstance fort singulière de leur procès prouve bien qu'il y avoit un véritable pacte entre eux & les malins esprits». Tout en avouant avoir jeté un sort sur le bétail d'un fermier de Pacy près Brie-Comte-Robert, pour venger l'un d'eux que ce fermier avait chassé, ils refusèrent obstinément de révéler l'endroit où ils l'avaient enterré, parce que «celui qui l'avoit enterré mourroit à l'instant». L'un des coupables, Étienne Hocque était détenu à la Tournelle de Paris; son voisin de chaîne, Beatrix, se laissa gagner à prix d'argent, & après l'avoir fait boire, le mit sur la voie des confidences. Il apprit ainsi que seul un berger de Sens, Brasdefer, était capable de lever le sort, & persuada ce Hocque d'écrire à son fils Nicolas, l'invitant à aller trouver Brasdefer pour le prier de lever le sort, mais sans ajouter que c'était lui, Étienne Hocque, qui l'avait posé & qu'il se trouvait présentement en prison. Son ivresse dissipée, Hocque se rendit compte de son imprudence & voulut se jeter sur Bea- trix qui l'avait trahi : il lui eût peut-être fait

un mauvais parti sans l'arrivée du commandant
de la Tournelle qui, accompagné de sa garde,
réussit à tirer le malheureux de ses mains.

La fameuse lettre parvenue à destination,
Nicolas Hocque alla trouver Brasdefer qui
vint à Pacy, «& après avoir faict plusieurs figures & imprecations execrables», leva le sort.
Mais c'était la perte du pauvre Hocque : au
même moment, ainsi que l'établirent les con-
statations simultanées faites à la Tournelle & à
Pacy, le pauvre diable mourut «en un instant
dans des convulsions estranges, & se tourmen-
tant comme un possédé».

Brasdefer & deux autres bergers furent
condamnés à être pendus; les trois enfants de
Hocque simplement bannis.

Un autre cas nous montre le clergé lui-
même impliqué dans l'aventure, & encoura-
geant, accomplissant personnellement les pratiques les plus sacrilèges [1].

«Audict an 1460, advint un cas merveil-
leulx, horrible & détestable. En un certain
villaige assez près de Soissons avoit ung curé

[1] Mémoires de J. Du Clercq, liv. IV, ch. xxiii.

nommé messire Yve Favins, lequel prestre curé disoit à luy appartenir les dixmes dudict villaige, appartenantes aux croisiés de Sainct Jehan de Jherusalem; & les voullut prendre sur le censier desdicts croisiés nommé Jehan Rogier; lequel censier s'y opposa, & appela en garand ses maistres de Sainct Jehan de Jherusalem, lesquels soutinrent procès contre ledict curé, tellement que enfin ledict curé perdit sa cause, & feut condampné es despends. Pour laquelle cause ledict curé conceupt très grande haine contre ledict censier. Or advint que en ladicte ville y ot une pauvre femme laquelle gagnoit sa vie à filer; & print du lin à filer pour la femme dudict censier; pour laquelle fillerie s'esmeut contempt entre icelle femme & la femme de Rogier, & tant que cela vint à la cognoissance du curé. Lequel curé, obstiné en haine couverte contre icelluy censier, approcha de ladctie femme à laquelle se plaindit du censier & de sa femme, en disant que moult volontiers se vengeroit d'eulx. Ayant icelle filleresse mauldicte cogneu la volonté maulvaise dudict curé, dict audict curé que s'il voulloit faire ce qu'elle diroit, elle l'en vengeroit bien. Et luy alla querir ung pot de terre, auquel pot y avoit un gros & grand crapault, laquelle beste venimeuse elle nourrissoit; & dict audict curé : « Baptisez ce crapault & luy donnez tout le faict du sainct sacrement de baptesme; apres ce, luy baillez a manger & user d'une hostie sacrée ou precieulx corps de Jésus-Christ. Et en la présence de ladicte sorciere & de sa fille, ledict curé, remply du diable d'enfer, d'ire & de vengeance, baptisa & donna le sainct sacrement de baptesme au crapault, & luy donna à nom Jehan. Et apres ce, bailla l'hostie sacrée audict crapault, lequel crapault usa ladicte hostie. Ce faict, la mauldicte sorciere tua ledict crapault duquel avecq plusieurs aultres poisons qu'elle y meit, elle feit un sorceron (objet de sorcellerie) lequel elle baillia à sa fille & luy dict qu'elle l'allast jetter dessous la table du censier entretemps qu'ils disnoient. Laquelle fille feit le commandement de sa mere & trouva que ledict censier disnoit, lui, sa femme & un sien fils; & illecq entra & demanda à ladicte censiere aulcune bien petite somme de pécune que sa mère lui avoit dict qu'elle demandast à cause de sa fillerie. Et comme elle parloit, elle laissa tomber dessous la table ledict sorceron, puis elle partit. Tantost apres, le dessusdict censier, non sçachant d'icelle sorcerie, se sentit malade, sa femme pareillement & son fils, & moururent tous trois avant qu'il feust trois jours. Après ces choses la tres mauldicte sorciere & sa fille furent prinses. Laquelle sorciere confessa ce que dessus est estre vray, & sa fille aussy, lesquelles raccusèrent ledict curé. Pour lesquelles choses elles feurent condampnées à estre ardses; & la mère, mauldicte sorciere, fut ardse; mais icelle fille estant en prison eschappa & s'enfuit. Apres ce aussy feut prins ledict messire Yve Favins, & feut pareillement mené es prisons de l'evesque à Paris. Lequel curé, qui estoit riche & extraict de riches gens, ot conseil de ceulx qui le favorisoient, par lequel il appela de l'evesque en Parlement; & ne sçay sy ce fust par or ou argent ou par la grande requeste des amis dudict curé, l'evesque le renvoya à ladicte cour de Parlement; & disoit-on que par force d'amis & d'argent on ne trouva point ledict curé coupable du faict cy-dessus; & s'en purgea ledict curé sans quelque punition, dont plusieurs se donnerent des merveilles. »

Dès cette époque la croyance à l'action diabolique dans les faits de sorcellerie commençait à perdre du terrain, à mesure que l'influence de Rome & des moines baissait devant celle du clergé séculier. Beaucoup dans les rangs de ce dernier montraient quelque indépendance d'esprit, ne voulant voir dans les sorciers que des malades & des hallucinés ou des charlatans, & le grand public commençait à pencher vers la même manière de voir. La société laïque n'avait encore d'autre nourriture intellectuelle que les formules creuses de la scolastique; foule sans unité ni cohésion, elle n'était point parvenue au bénéfice d'une libre discussion qui eût pu aboutir à son émancipation. Mais l'autorité, qui dominait sans conteste, se sentit menacée, & elle réagit avec rage en proportion même du danger qu'elle redoutait. Chaque fois qu'un pareil mouvement s'est produit, que la superstition & les passions aveugles de la foule se sont faites les instruments de ces tueries judiciaires, c'est une ingérence du pape & les incitations fanatiques des moines qui ont réveillé le zèle des tribunaux & la brutalité de la populace, & c'est à sa résistance aux empiètements des moines que le xve siècle dut en partie sa modération relative. Sans doute les procès de sorcellerie ne cessèrent pas, l'histoire du xvie siècle continue à enregistrer, au compte des tribunaux, bien des actes de rigueur mal entendue; mais l'impulsion était donnée, & dès le commencement du xviie siècle des voix courageuses se faisaient entendre contre le traitement excessif infligé aux prétendus sorciers : elles cherchaient à démontrer qu'ils étaient les jouets des mêmes illusions que les ensorcelés, & avaient droit au même traitement que les fous. Maint arrêt du Parlement de Paris semble avoir subi l'influence de ces vues : tel fut celui rendu dans l'affaire de Jacques Roulet, prétendu lycanthrope qu'on accusait d'avoir tué six enfants.

Le malheureux, avec son frère & son cousin, déclare «que, pendant qu'ils alloient mendier leur vie, ils s'habilloient en loups.

«Enquis comment ils s'habilloient en loups, a dit qu'ils se frottoient d'onguent que ses père & mère lui bailloient, & que d'icelui mesme

il frottoit son frère & son cousin, & que puis
apres ils devenoient loups.

«Enquis s'ils ont mangé cest enfant, dict
qu'ils l'ont attaqué, & que luy mesme l'a prins
au travers du corps le premier, & que son frere
& son cousin sont arrivez apres qui l'ont prins
par les autres membres; que plusieurs personnes ont accouru au cry de l'enfant; que
quand ils arriverent, il estoit a un jet de pierre
de l'enfant & qu'il en avoit déjà mangé.

«Enquis qui est-ce qui luy a appris a se
transmuer ainsy en loup, dict qu'il n'en sait
rien, sinon qu'il fut excommunié.

«Enquis combien d'enfans il avoit deffaict,
repond plusieurs.»

Roulet fut condamné à mort, mais l'appel
interjeté au Parlement, qui vit dans le cas de
ce malheureux plus de folie que de malice,
cassa la sentence & l'envoya à l'hôpital·de Saint-
Germain-des-Prés pour deux ans, «afin d'être
instruit & redressé de son esprit, & d'estre
ramené à la connoissance de Dieu, que l'ex-
tresme pauvreté lui avoit faict meconnoistre»
(1598).

Chose triste à dire : ce sont précisément

des sommités de l'Église & du barreau, désignées, semblait-il, par leur caractère & leur position pour se montrer les plus éclairées & les plus humaines qui prennent, au grand siècle, la défense de l'antique rigueur. D. Calmet, une des lumières de cet ordre de saint Benoît si intelligent & relativement si libéral, écrivait à cette époque : «On ne peut nier que les princes, les évêques & les juges n'aient tenu, en les poursuivant, une conduite très sage & très louable, puisqu'il était question d'arrêter le cours d'une impiété dangereuse & d'un culte sacrilège, ridicule, abominable, rendu au démon qui séduisait & perdait une infinité de personnes & causait dans l'État mille désordres réels.»

Un savant jurisconsulte du même temps, l'avocat au Parlement Claude de Ferrière ne s'exprime pas autrement dans son *Nouveau Praticien*. «Le sortilège est une paction particulière avec le diable pour avoir pouvoir d'exercer la sorcellerie ou art magique avec renonciation expresse à Dieu. Ceux qui sont coupables de ce crime sont appelés sorciers, magiciens, devins & enchanteurs. Ils sont aussi appelés *male-*

fici, parce qu'ils sont ennemis du genre humain, l'art magique étant un pouvoir de nuire aux hommes, aux animaux & aux fruits. »

Louis XIV heureusement montra un esprit plus large : en 1682, il cassa un arrêt du Parlement de Rouen qui condamnait à mort plusieurs personnes du pays de Vire, accusées de sorcellerie; dès lors on ne vit plus en France de procès de ce genre.

C'est une longue liste que celle des singularités judiciaires au moyen âge, & les magistrats y interviennent parfois dans des cas dont l'étrangeté est bien faite pour nous surprendre. Cependant nous n'avons pas ici à critiquer, des siècles nous séparent du temps, des mœurs, des vues que nous examinons; notre tâche se borne à exposer les faits : au lecteur d'en tirer les conclusions qu'il jugera à propos.

Non seulement les hommes, mais les animaux eux-mêmes étaient poursuivis, & l'histoire de la jurisprudence nous a transmis maint exemple de procès formellement intentés à des taureaux, des chevaux, des porcs, des rats, des taupes, des limaces, des chenilles, des mouches, des sangsues. L'animal domestique, susceptible d'être *appréhendé au corps,* ressortissait aux tribunaux ordinaires; celui, au contraire, que sa taille ou sa nature soustrayait à pareille «arrestation» tombait sous le coup des moyens surnaturels & du recours à la Providence : le clergé usait de l'excommunication.

Dans le premier cas, le «prévenu» était enfermé dans la prison de la juridiction civile. Le procureur des causes d'office, organe du ministère public, requérait la mise en accusation. Les témoins entendus en leurs dépositions, le procureur prenait ses réquisitions & le juge prononçait une sentence condamnant l'animal à être pendu & étranglé à un arbre ou gibet. Du XIIIᵉ au XVIᵉ siècle, cette procédure fut appliquée plusieurs fois à des porcs qui avaient attaqué des enfants. Voici un cas dû à l'initiative des officiers de justice de l'abbaye de Sainte-Geneviève qui possédait des droits féodaux à Fontenay-aux-Roses. «En 1266 ou environ, fut prins un porcel qui avoit mengié un enfant chez Estienne le Camus; & fu ars en la cour au mere saincte Genevieve à Fontenet, present frere Guerin leur chancelier, Guillaume le Serjant, Aubert le Mere, Estienne le Camus, Marie sa femme[1]. »

En 1497, cas analogue. «Une truie, qui avait mangé le menton d'un enfant au village de Charonne, fut condamnée par sentence du juge à être assommée; on ordonna en outre que ses chairs seraient coupées & jetées aux chiens; que le propriétaire & sa femme feraient le pèlerinage de Notre-Dame-de-Pontoise, où étant le jour de la Pentecôte, ils crieraient *merci!* de quoi ils rapporteraient certificat[2]. »

Dès le xiii⁰ siècle, le jurisconsulte Beaumanoir[3] s'élève contre la puérilité de telles procédures. «Li aucun qui ont jostices en lor terres, si font justice des bestes quand eles metent aucun à mort; si comme se une truie tue un enfant, il la pendent & trainent, ou une autre beste; mais c'est noient a fere, car bestes mues[4] n'ont nul entendement qu'est biens ne

---

[1] Liber justiciarum Sanctæ Genovefæ, fol. 57; d'après Lebeuf, *Histoire de la ville & du diocèse de Paris,* 1757, t. IX, p. 400.

[2] Carlier, *Histoire du duché de Valois,* t. II, p. 207.

[3] Voir ses *Couftumes du Beauvoisis,* édit. Beugnot, t. II, p. 485.

[4] Muettes, privées de raison.

qu'est maus; & por ce est che justice perdue. Car justice doit estre fete por la venjance du meffet, & que cil qui a fet le meffet sace & entende que por cel meffet il emporte tel paine. Et por ce se melle il de nient qui en maniere de justice met beste mue à mort por meffet. »

Ces critiques restèrent sans écho, & les poursuites continuèrent jusqu'au xvie siècle, sur l'autorité de l'*Ancien Teftament* & de la loi de Moïse qui avait prescrit aux Hébreux de venger sur les animaux les accidents qu'ils avaient causés : constituée sur des bases bien différentes, cette société encore peu développée apprenait le respect de la vie humaine par la suppression immédiate de la brute même qui y avait porté atteinte. Au xvie siècle, ces procédures criminelles firent place à des actions civiles en dommages-intérêts.

De tout temps l'ordre & la sécurité publics ont été assurés par le service d'une garde spéciale. Dès le temps de Clotaire II, à la fin du vie siècle, les gardes de quartier étaient, en cas de brigandage nocturne, responsables de l'arrestation du coupable; il en fut encore ainsi sous Charlemagne. Plus tard, les corps de métiers fournirent tour à tour le guet qui veillait pendant la nuit à la sûreté de la ville. Au xive siècle, cette garde devint un corps soldé de 46 sergents à pied ou à cheval, commandé par le *chevalier du guet;* mais, soit lâcheté, soit insuffisance d'effectif, il ne rendit pas les services attendus, & du xvie au xviiie siècle on ne cessa pas de l'augmenter. L'anarchie introduite par le régime de la Ligue persista longtemps après l'entrée de Henri IV à Paris : encore en décembre 1598, la police se déclarait impuissante à réprimer les excès & les ravages que le comte d'Auvergne & ses compagnons commettaient dans le quartier Saint-Paul & ailleurs. En 1597, «le duc de Nemours & le comte d'Auvergne furent à la foire (Saint-Germain) où ils commirent dix mille insolences. Un avocat de Paris y perdit son chappeau, & si fust bien battu par un des gens du comte d'Auvergne» [1]. On avait beau augmenter le personnel du Châtelet : la police n'en valait

[1] Journal de l'ESTOILE, année 1597.

pas mieux, car la vénalité des charges laissait aux titulaires le souci de rentrer dans leurs fonds. «Un de mes garçons fut l'autre jour tué en revenant de soupper de la ville, pour vouloir sauver son manteau. Mon mary a poursuivy & fait prendre plusieurs volleurs; mais parce qu'il ne s'est pas voullu rendre partie, on les a eslargis. Il est bien besoin que Dieu fasse la vengeance des meurtres, car les prevosts criminels ne la font que pour de l'argent. — M'amie, c'est qu'il faut qu'ils se remboursent de la vente de leurs offices, lesquels anciennement on donnoit, specialement le chevalier du guet, le prevost des mareschaux & autres de justice criminelle; & tandis (tant) que l'on leur vendra, jamais ne feront rien qui vaille. — Je ne croy pas que le roy sçache la moitié de ce qui se passe, car s'il le sçavoit, il y mettroit ordre. A quoy servent tant d'huissiers & de sergents? à faire monstre au mois de may, & à piller le manant. Tant de prevosts de mareschaux? à faire pendre ceux qui n'ont point d'argent. Tant de juges criminels? à bien prendre pour acquitter les debtes qu'ils contractent pour achepter leurs offices. Tant de commissaires du Chastelet? à prendre pension des garses, des maquerelles, des boulangers & de tous ceux qui vendent viandes ; car a present tout est permis [1]. »

La troupe du guet & les sergents du Châtelet étaient, en effet, fort mal payés : à la mort de Louis XIII, ils ne touchaient encore que 3 sols & demi par jour «comme du temps du roy Jehan». Les ordonnances civile & criminelle promulguées par Colbert (1667-1670) constituèrent un progrès énorme dans l'administration judiciaire & un adoucissement dans l'échelle des peines ; la magie & la sorcellerie, comme dénuées de réalité objective, n'étaient plus punies de mort, & la peine capitale ne frappait plus que le sacrilège. Un peu plus tard, en 1680, la question préparatoire, que depuis longtemps le Châtelet n'appliquait plus, fut supprimée ; quant à la question ordinaire, elle se donnait toujours par l'eau, l'extension des membres ou les brodequins.

A cette époque, les supplices n'étaient guère plus terribles que la question : de tous ceux

[1] *Caquets de l'accouchée,* édit. Fournier, 1855 ; 1ʳᵉ journée, p. 35-38.

qui avaient persisté dans l'usage, celui de la roue pouvait durer le plus longtemps, jusqu'à une demi-journée, si le patient n'avait pas reçu le coup de grâce sur la poitrine. Les régicides seuls étaient encore écartelés, & les condamnés au feu étranglés avant d'arriver au bûcher.

La potence était désormais le supplice le plus fréquent & le plus prompt, mais la butte de Montfaucon était remplacée par la place de Grève : on y pendait deux ou trois fois par semaine les assassins ou voleurs jetés au Châtelet. On ne se souvenait pas que jamais aucun condamné eût reçu sa grâce au pied du gibet, mais, le 12 juin 1698, on crut enfin assister à une exception de ce genre. Un homme, coupable d'une tentative d'assassinat sur sa femme, avait déjà la corde au cou, lorsque les capucins qui, suivant leur usage constant, venaient avec une charrette chercher le cadavre, arrivèrent en se frayant un passage à travers la foule aux cris de *gare! gare!* On crut entendre *grâce!* & le peuple répéta ce cri, l'homme aussi, & le bourreau consentit à redescendre de l'échelle avec lui. L'erreur reconnue, les assistants se précipitèrent vers l'échafaud, ten-

tant de délivrer le condamné ; mais le lieutenant criminel fut inexorable, & l'exécution dut
reprendre son cours, pendant lequel des gens
furent blessés ou étouffés, tandis que retentis-
saient de toutes parts les cris de *grâce!*

En dehors de la Grève, les exécutions capi-
tales avaient encore lieu à la Croix-du-Trahoir
dont une fontaine, à l'angle des rues Saint-
Honoré & de l'Arbre-Sec, nous conserve le
souvenir ; celles «qui n'entraînent pas la mort»
devant le pilori des Halles : c'est là que les
criminels étaient mutilés, essorillés, marqués
d'une fleur de lis sur l'épaule ou sur le front,
fouettés de verges, exposés.

Bien que la justice, au XVIIe siècle, se fût fort
améliorée, elle était l'objet de bien des critiques portées jusque sur la scène. «Le vendredi 26 de ce mois (janvier 1607) fut jouée
à l'hôtel de Bourgogne une plaisante farce à
laquelle assistèrent le Roy, la Reine & la pluspart des princes, seigneurs & dames de la cour.
C'étoient un mari & une femme qui querel-
loient ensemble : la femme crioit apres son
mari de ce qu'il ne bougeoit tout le jour de la
taverne, & cependant qu'on les executoit tous

les jours pour la taille qu'il falloit payer au
Roy; & qu'aussitôt qu'ils avoient quelque
chose, c'étoit pour luy & non pas pour eux. ——
C'est pourquoy, disoit le mari se defendant, il
en faut faire meilleure chère. Cela fera que j'en
boirai encore & du meilleur; j'avois accoutumé
de n'en boire qu'à 3 s., mais par Dieu! j'en boirai
doresnavant à 6 pour le moins; va m'en quérir
tout à cette heure, & marche. —— Sur ces en-
trefaites voici arriver un conseiller de la Cour
des aides, un commissaire & un sergent, qui
viennent demander la taille, & à faute de payer
veulent executer. La femme commence à crier
apres, aussy fait le mary qui leur demande qui
ils sont. —— Nous sommes gens de justice,
disent-ils. —— Comment, de justice? Ceux qui
sont de justice doivent faire ceci, faire cela; &
vous faites ceci & cela (décrivant naïvement
en son patois toute la corruption de la justice du
temps present). Montrez-moi votre commission.
—— Voici un arrêt, dit le conseiller. Sur ces dis-
putes, la femme qui s'étoit saisie subtilement
d'un coffret sur lequel elle se tenoit assise, le
commissaire lui fait commandement de se lever
de par le Roy, & leur en faire l'ouverture. On

ouvre ce coffre duquel sortent à l'instant trois diables qui emportent & troussent en malle M. le conseiller, le commissaire & le sergent, chaque diable s'étant chargé du sien [1]. »

La justice était rendue au nom du roi qui, en réalité, n'exerçait que le droit de grâce, bien souvent, il est vrai, hors de propos. En 1723, le petit roi Louis XV signa non sans hésitation la grâce d'un prince du sang, le comte de Charolais [2] qui s'était amusé, par bravade & à la suite d'un pari, à tuer un campagnard debout sous sa porte. Revenant de la chasse en état d'ivresse, à moitié fou du reste, il traversait le village d'Anet lorsqu'il aperçut sa victime & l'abattit d'un seul coup de fusil. Le lendemain il alla piteusement s'excuser auprès du Régent. « Monsieur, dit celui-ci qui à défaut d'autre chose était homme d'esprit, la grâce que vous réclamez après votre odieuse action est due à votre rang & à votre titre de prince du sang; le roi vous l'accorde, mais il l'accordera aussi, & encore plus volontiers, à celui qui vous en fera autant. »

[1] Journal de L'Estoile, édit. Poujoulat, p. 412.
[2] Petit-fils du grand Condé.

Si la justice civile, encore en plein dix-huitième siècle, était infiniment disparate, variant d'une province, d'une ville à l'autre, d'une lenteur qui éternisait les procès au gré du premier juge ou procureur, &, non contente des épices, acceptait, jusqu'au temps de Beaumarchais, les présents des partis, la justice criminelle était brève & expéditive. Les supplices & la question, en dépit d'adoucissements notables, conservaient encore une rigueur excessive, & il en fut ainsi jusqu'à la fin du règne de Louis XVI. Les juges, pris de scrupules, tempéraient eux-mêmes par leurs arrêts ce que la législation gardait de rigueur surannée. Cette humanité, sans doute, laissait bien à désirer & n'excluait pas la question que les meilleurs magistrats se bornaient à appliquer en vertu de la loi. La cruelle question *extraordinaire* n'était plus guère usitée que dans des cas exceptionnels comme l'attentat de Damiens : on se bornait aux brodequins & à l'eau froide; le bourreau recevait pour son intervention 20 livres. Au pilori des Halles, on exposait de temps à autre quelque malfaiteur ou banqueroutier avec un écriteau relatant le méfait & le jugement : la *marque* d'une fleur de lis au fer chaud sur l'épaule du condamné en était l'accompagnement habituel. «Il y a eu samedi 11 de ce mois (juillet) une autre exécution dans Paris, moins terrible & plus divertissante[1]. La nommée Jeanne Moynon, maquerelle publique, a eu le fouet & la fleur de lis, & a été conduite depuis le Grand-Châtelet jusqu'à la porte Saint-Michel où s'est faite l'exécution du fer chaud, sur un âne, avec un chapeau de paille, la tête tournée vers la queue, avec un écriteau : *Maquerelle publique*. Elle n'a point été fouettée dans les différents marchés, mais seulement en sortant du Grand-Châtelet. Elle avait le visage couvert d'un mouchoir, ce qui se souffre par grâce. Après avoir eu la fleur de lis à la porte Saint-Michel, elle a été mise dans un fiacre pour être conduite hors de Paris à cause du bannissement. Ordinairement ces sortes de femmes sortent de Paris par une porte, y rentrent par une autre, changent de quartier & continuent leur commerce. Cette exécution

---

[1] Allusion au supplice de deux sodomites, rapporté plus haut, p. 113.

a beaucoup diverti le peuple. Cette femme n'a point été condamnée pour tenir un lieu de débauche, c'est pour avoir enlevé & voulu débaucher une petite fille de dix ans[1]. »

La décapitation était presque oubliée; le bourreau avait perdu l'art de trancher d'un seul coup de sabre[2] la tête du condamné, comme le prouva la scandaleuse exécution de Lally en 1766. La potence n'était plus permanente, & on la dressait chaque fois que besoin était; par économie, on pendait à la fois trois ou quatre hommes : on n'avait ainsi que 25 livres pour chacun à payer à l'exécuteur; 25 livres également pour le supplice de la roue. L'écartèlement revenait beaucoup plus cher, en raison des hommes & des chevaux nécessaires.

Le jour de l'exécution était annoncé d'avance par des crieurs qui vendaient l'arrêt; dans une sorte de costume de pénitent, avec croix & scapulaire, ils marchaient lentement en psalmodiant d'une voix lamentable la complainte qui relatait les crimes du condamné. Dans la

[1] Journal de BARBIER, année 1750.
[2] La hache avait passé de mode depuis la mort de Louis XIII.

foule qui assistait à l'exécution, les femmes
& les gens de cour n'étaient pas les moins im-
patients, suivant avec une attention passionnée
les moindres détails de l'opération. Le bourreau,
au milieu de ses aides, était comme un petit
souverain au milieu de sa cour; frisé & pou-
dré, en bas de soie blancs & escarpins, il excitait
autant de curiosité que le supplicié lui-même.
Cependant l'histoire est muette sur les passions
qu'il peut avoir éveillées dans des cœurs aristo-
cratiques.

Les exécutions les plus fameuses sur la
Grève, au cours du XVIIIᵉ siècle, ont été celles
de Cartouche en 1721 que nous retraçons ici;
puis de Damiens, rapportée plus haut, & de
l'empoisonneur Desrues en 1777.

«15 octobre 1721. Grande nouvelle à Paris :
Cartouche, ce fameux voleur dont j'ai parlé,
que l'on cherchait partout & que l'on ne trouvait nulle part, a été pris ce matin; jamais voleur n'a eu tant d'honneur. On avait fait courir
le bruit qu'il n'était plus dans Paris, qu'il était
mort à Orléans, même qu'il n'existait pas.
C'est un soldat aux gardes, de sa clique, qui
l'a livré. Cartouche était cette nuit-là dans un

cabaret de la Courtille; on a investi la maison, la baïonnette au bout du fusil, on a pris Cartouche dans son lit, heureusement sans coup férir, car il aurait tué quelqu'un. On a dit que Cartouche était insolent, qu'il grinçait des dents, & qu'il a annoncé qu'on aurait beau le garrotter, qu'on ne le tiendrait pas longtemps. Le peuple le croit un peu sorcier. On l'a conduit au Châtelet avec un concours de monde étonnant, & on l'a mis dans un cachot, attaché le long d'un pilier. A la porte du cachot, il y a quatre hommes de garde; jamais on n'a pris pareille précaution contre un homme.

«Ce Cartouche s'est distingué dans son genre, & il lui arriva ce qui n'est jamais arrivé. Lundi 20, on afficha à la Comédie italienne la comédie de *Cartouche,* où Arlequin fait cent tours de passe-passe. Mardi 21, on joua à la Comédie française *Cartouche,* petite pièce assez gentille; il y va un monde étonnant.

«La nuit du lundi au mardi, Cartouche pensa s'aller voir jouer lui-même. Il était dans un cachot avec un autre homme qui n'était pas lié, & qui par hasard était maçon. Ils firent un trou à un tuyau de fosse, descendirent dedans sans mal, ôtèrent une pierre de taille très grosse, entrèrent dans la cave d'un fruitier qui a sa boutique sous l'arcade, & montèrent dans cette boutique qui n'était fermée qu'à un petit verrou. La servante se leva & cria *au voleur!* par la fenêtre. Le maître, qui descendit avec une lumière, l'aurait laissé sortir, mais quatre archers du guet qui se retiraient entrèrent dans la boutique, reconnurent Cartouche qui avait des chaînes aux pieds & aux mains, & le réintégrèrent dans la prison. Il dit pourtant qu'on ne le tiendra pas longtemps; il nie toujours tout, est de grand sang-froid, & badine d'un air léger avec les magistrats qui l'interrogent. On peut dire que voilà un homme très extraordinaire; tout le monde qui a de l'accès va le voir.

«Jeudi 27 novembre, le fameux Cartouche a été mis à la question qu'on lui a donnée avec les brodequins; il n'a rien avoué. L'après-midi on devait le rouer avec quatre autres & deux pendus, tous à la fois. La Grève n'a jamais été si pleine de monde que ce jour-là : la plupart des chambres étaient louées. A deux heures

Cartouche s'est avisé de déclarer quelqu'un qu'on a envoyé quérir; cela a fait passer du temps, & comme la nuit vient de bonne heure, on a ôté quatre roues; il n'est resté que la sienne. Il est arrivé à la Grève à près de cinq heures, & cela l'a piqué de ne voir qu'une roue. Il a demandé alors à parler à son rapporteur, & on l'a mené à l'Hôtel de ville. Il a déclaré là un nombre infini de personnes, & il y est resté jusqu'à vendredi deux heures après midi qu'il a été roué vif. Toute la nuit on n'a fait qu'amener du monde dans des fiacres, & la Grève était toujours pleine de gens qui attendaient.

«Pendant le temps qu'il est resté à l'Hôtel de ville, son sang-froid a surpris. Il soupa le jeudi soir, & il déjeuna le vendredi matin. Son rapporteur lui demanda s'il voulait du café au lait; il répondit que ce n'était pas sa boisson, & qu'il aimerait mieux un verre de vin avec un petit pain. On les lui apporta, & il but à la santé de ses deux juges. Ainsi a fini Cartouche[1].»

[1] Journal de BARBIER, année 1721.

Les services rendus par les parlements à la science juridique & à la législation ne peuvent être contestés; c'est à eux que nous devons toute la science moderne du droit : droit romain & canonique, coutumes & ordonnances, ils ont tout étudié & élaboré pour l'adapter à leurs besoins d'ordre & d'unité. Ces services donnèrent à notre cour souveraine, même sous Louis XIV, une autorité prépondérante dont elle eut le tort d'abuser pour manifester des prétentions excessives & envahir le domaine de la politique; de là un état permanent d'antagonisme & de rivalité entre gens de cour & gens de robe, entre nobles & parlementaires. Ces derniers, il est bien vrai, avaient acquis dans l'exercice de leurs fonctions une noblesse d'office qui entraînait certains privilèges honorifiques, mais sans jamais les placer de pair avec les premiers. Aussi la noblesse de robe ne se montrait jamais à la cour où elle n'aurait pas trouvé le rang auquel elle prétendait; & elle se tenait à égale distance de la haute bourgeoisie, du commerce & de la finance; à vrai dire elle formait une société isolée & fermée, sans relations avec les autres, grave & sévère, très fière & hautaine. Dans ses hôtels d'aspect un peu austère, aux larges escaliers, aux salons d'un luxe un peu froid, jamais de fêtes, ni de bals, de concerts ou de comédies, mais des dîners, une conversation polie & discrète, un jeu silencieux. «Les femmes de robe, qui ne vivent qu'avec celles de leur état, remarque Duclos, n'ont aucun usage du monde, ou le peu qu'elles en ont est faux. Le cérémonial fait leur unique occupation.» On ne les voyait guère en public que dans les solennités des cours souveraines, où elles prenaient l'habitude d'un cérémonial qui variait de la simple inclinaison de tête à la *révérence en dame.*

La jeunesse, elle, ne renonçait pas à être jeune même *en s'aßeyant sur les fleurs de lis.* Le jeune conseiller, bien que tenu de se rendre de grand matin à l'audience comme dans le passé, ne se piquait pas d'être fort assidu au travail. Il dormait peut-être moins que ses collègues en siégeant; mais il aspirait bien davantage à briller dans les salons comme petit-maître & à y rendre des arrêts en matière de galanterie. «On trouve dans le caractère des jeunes conseillers au Parlement de Paris un fond infini de tendresse pour les femmes. Les toilettes des femmes aimables ont des attraits pour les petits-maîtres; ces lieux riants sont aussi du ressort des jeunes conseillers; mais leurs visites ne sont fréquentes qu'aux vacances, où ils donnent toutes leurs occupations aux plaisirs. Quelquefois un de ces messieurs indique à une coëffeuse le goût dans lequel elle doit coëffer sa maîtresse; il arrive quelquefois qu'il tire le peigne des doigts badins de la coëffeuse & qu'il forme lui-même une boucle, l'application des mouches & des pompons est aussi quelquefois son ouvrage... Les jeunes conseillers marchent au grand jour sous le drapeau enchanteur de l'amour; les jardins de Cythère sont leur département[1]. »

Les vieux conseillers, les vrais parlementaires, à la différence de ces jeunes muguets, rencontraient auprès de la nation & de l'opinion publique un respect presque religieux qui

---

[1] Lapeyre, *Lettre sur la galanterie des jeunes conseillers au Parlement de Paris*. Paris, 1750.

les appuya durant presque tout le xviiie siècle dans leurs luttes contre la royauté. Mais, remarque avec raison Sismondi, s'ils montrèrent tant de courage, «c'était surtout parce qu'ils n'avaient pas le pouvoir & ne jouaient qu'un rôle d'opposition; au contraire, dans les fonctions qui leur étaient dévolues en partage, ils se montraient accessibles à tous les préjugés, haineux, ne sévissant pas avec moins de violence contre les incrédules que contre les huguenots». Lorsque le chancelier Maupeou entreprit une réforme de la magistrature, le Parlement de Paris se ligua avec tous les autres contre cette tentative si louable. Sous Louis XVI, il refusa aveuglément d'enregistrer les édits de Turgot sur l'abolition de la corvée, proclamant « que le peuple est taillable & corvéable à merci, & que c'était un article de la Constitution que le roi n'avait pas le pouvoir de changer» (août 1787). Cette fois, c'était bien la fin : encore quelques convulsions, remontrances, exils, rappels, & les États généraux se réunirent.

Le 3 novembre 1789, l'Assemblée nationale suspendit les Parlements &, le 7 novembre

1790, les abolit. « Des officiers municipaux
se rendirent aux salles de séances : un greffier leur remit les clefs, puis le procès-verbal
dressé & le scellé posé, tout se referma comme
une tombe sur les anciens Parlements de
France. »

LE CLERGÉ

LES ORDRES RELIGIEUX

LE CLERGÉ.

LES ORDRES RELIGIEUX.

La société chrétienne venait de succéder au paganisme, transformant idées & sentiments, institutions, mœurs & langage : crise longue & douloureuse au sortir de laquelle le nouveau clergé fut, de toutes les institutions sociales, la première à s'organiser fortement. De bonne heure Paris devint le siège d'un évêché dont le chef résidait dans la Cité [1]; mais, il faut bien le dire, la plupart des détails biographiques & des faits relatifs à cette première période ont un caractère légendaire & fourmillent de contradictions qui leur enlèvent toute autorité. Telle est la légende de sainte Geneviève, remontant

[1] A cette époque, c'est encore l'assemblée générale du peuple parisien qui nomme par acclamation l'évêque; ce n'est qu'au XIIᵉ siècle que la nomination fut réservée au chapitre.

au vi^e siècle, & à laquelle les critiques modernes n'accordent aucune créance; telle est la légende de saint Denis, suivant la tradition premier évêque de Paris. Cette légende, Hilduin, un abbé de Saint-Denis au ixe siècle, l'avait trouvée si suspecte, qu'il entreprit d'écrire à nouveau la biographie du saint. C'est à lui que nous devons le récit des aventures au cours desquelles le martyr, s'étant rendu d'Athènes à Rome, de Rome dans les Gaules, fut décapité à Paris; après son supplice, il se releva, prit sa tête entre ses mains, & la porta, guidé par les anges, du lieu de son supplice à celui de sa sépulture. Fable grossièrement ridicule, dira-t-on, & qui, dénuée même du charme de la poésie, ne peut alléguer en sa faveur cette suprême circonstance atténuante; document singulièrement suggestif aussi, ajouterons-nous, pour tout esprit avisé. Accepté sans discussion durant tout le moyen âge, il jette un jour curieux sur le niveau intellectuel de la société franque dont la dévotion encore chancelante réclamait un pareil recours aux récits merveilleux, dont les violences toujours à redouter ne s'arrêtaient que devant la crainte de l'intervention subite & vengeresse de quelque saint, puis sur la moralité aussi d'un clergé qui se laissait aller à fonder la propagation de sa doctrine sur de pareilles fourberies[1].

Au reste, l'Église elle-même, il faut bien le dire, ajoutait foi à ces billevesées : écoutez ce que racontait à la fin du vi^e siècle Grégoire de Tours, un des meilleurs prélats du temps, à propos d'un incendie qui détruisit presque toute la Cité. «On disait que cette ville avait été anciennement consacrée, de telle sorte que les incendies ne pouvaient y sévir, ni les loirs & les serpents l'infester. Dernièrement, en réparant les fondements du pont, on découvrit un loir & un serpent de bronze; dès que ces figures furent enlevées, les loirs & les serpents se montrèrent en grand nombre dans la ville, & l'on commença à voir reparaître les incendies.»

[1] Il ne s'agit certes pas, ici, de révoquer en doute la personnalité même de sainte Geneviève ou de saint Denis : leur existence n'est pas contestée, mais c'est tout ce qu'on en peut dire. Tous les détails biographiques accolés à leur nom ne sont que mise en scène postérieure, une de ces fraudes pieuses si fréquentes alors. Voyez plutôt saint Marcel, évêque de Paris au ve siècle; d'après sa légende, il métamorphosait en vin excellent & en baume l'eau de la Seine. C'est lui aussi qui combattit & tua un dragon qui désolait la ville.

Le torrent des invasions avait tout emporté, arts, sciences, lettres, philosophie, poésie : au milieu de l'anarchie générale, Paris resta à peu près indépendant sous la direction de ses évêques élus. Tandis que les agents du pouvoir impérial fuyaient, l'Église fut amenée par la force des choses à prendre leur place : elle traitait avec les envahisseurs, au besoin se mettait à la tête du peuple pour les repousser. Un tel ascendant était encore favorisé par l'ignorance, la superstition grossière de populations incultes, toujours prêtes à attribuer un pouvoir miraculeux à leurs évêques; gardant seuls quelque culture intellectuelle, ils étaient naturellement désignés pour prendre la direction d'une société qui ne pouvait plus compter sur un pouvoir régulier, ni pour la défendre au dehors, ni pour l'administrer au dedans. Au moment de l'entrée de Clovis, c'était l'évêque qui gouvernait Paris comme *défenseur de la Cité.*

Triste époque que celle des deux premières races ! Les Francs, s'ils avaient accepté du monde gallo-romain la religion chrétienne, lui avaient emprunté avant tout ses vices & des passions sans frein. C'est ainsi que la plus puérile superstition s'allia avec des actes de violence sauvage & les crimes les plus odieux. Les évêques eux-mêmes subissaient la contagion d'un entourage encore à demi barbare. Grégoire de Tours revient à mainte reprise, dans son *Histoire des Francs,* sur les vices de ses collègues. «Tout périt, tout s'en va! conclut-il Quel temps que le nôtre!»

Sortie trop justifiée. Il est difficile, en effet, de rencontrer une plus antipathique galerie de bandits ecclésiastiques que la liste des évêques parisiens à cette époque reculée. Suffaracus, évêque en 550, fut déposé par un concile tenu à Paris pour des crimes capitaux : fut-ce simonie ou adultère, on ne sait. Raguemode, l'odieux instrument de Frédégonde dans ses persécutions contre le malheureux évêque Prétextat, trompa ce dernier & contribua à sa perte. Eusèbe, marchand syrien devenu prélat simoniaque, parvint à son siège épiscopal en l'achetant à plus haut prix que son concurrent. Sigobaudus était, dit la *Vie de sainte Bathilde,* «un misérable évêque, qui mérita sa mort». Venu en 664 à Chelles pour voir la reine Bathilde, il se prit de querelle avec les Francs de l'entourage royal, & fut tué dans la mêlée. Importunus était un fourbe & un diffamateur : chargé, durant une famine, par son collègue de Tours, Frodobertus, d'un achat de blé, il le trompa odieusement par l'envoi de denrées avariées, & ne répondit aux réclamations de son correspondant que par de grossières injures. Agilbertus enfin était un parjure qui, par son faux serment, précipita un homme dans la mort.

Sur un fond si sombre ressortent heureusement quelques figures par leurs vertus & l'élévation de leur esprit. C'est saint Germain, évêque de Paris à la fin du VIe siècle, qui le premier chercha courageusement à arrêter le débordement de violences surtout dans la famille royale ; c'est son successeur au milieu du VIIe siècle, saint Landri, qui durant une famine se signala par sa charité, vendant jusqu'à ses meubles, les vases sacrés de son église, les lames d'argent même qui ornaient le tombeau de saint Denis, pour nourrir les pauvres.

Remarquons au reste que, si l'histoire rappelle les vertus de saint Germain, la légende lui attribue des miracles. Le public de ce temps, comme de tous les temps d'ailleurs, faisait peu de cas des vertus, n'admirant que les miracles. Ces vertus, cette réputation de miracles faisaient du clergé, au milieu de commotions générales, le seul corps quelque peu respecté, un refuge pour les petits, un espoir de salut pour les grands qui cherchaient à expier leur conduite, à étouffer leurs remords en multipliant les établissements religieux, en dotant richement les églises & les abbayes. Ainsi faisait Dagobert qui attira, par ses libéralités, beaucoup d'évêques & de moines à sa cour, «car il se montrait dévot enrichisseur & fondateur d'abbayes». Dès le vi^e siècle, Paris possédait une cathédrale de Sainte-Marie dont le poète Fortunat vante, en une pompeuse description, les trente colonnes de marbre, les nombreuses fenêtres garnies d'une cloison de verre que traversaient les premiers rayons du jour, le pavé de mosaïque, les parois ornées de peintures & de dorures. Déjà Clotilde avait fondé l'abbaye de Sainte-Geneviève. Childebert, à son tour, bâtit en plein champ, au sud de Paris, une église en forme de croix, celle de

Saint-Germain-des-Prés, à laquelle il donna le domaine d'Issy, les deux rives de la Seine, des prés, des bois, des vignes, des moulins, des serfs. «Les arceaux de chaque fenêtre, nous raconte un chroniqueur monastique, étaient supportés par des colonnes de marbre très précieux. Des peintures rehaussées d'or brillaient au plafond & sur les parois. Les toits, revêtus de lames de bronze doré, produisaient, lorsque les rayons du soleil venaient à les frapper, des éclats de lumière éblouissants. Ce n'était pas sans raison, d'après tant de magnificences, qu'on nommait autrefois cet édifice le palais doré de Germain.» Le mouvement qui tendait à porter le clergé au premier rang n'était encore qu'à son début, mais le clairvoyant Chilpéric ne s'y trompa pas. «Notre fisc est devenu pauvre, gémit-il, voilà que nos richesses ont passé aux églises. Personne ne règne plus, notre dignité s'est évanouie & a passé aux évêques des cités.» Mais il était plus aisé de constater le mal que d'y porter remède.

Que d'autres églises bien connues datent de cette première période! Saint-Julien-le-Pauvre, à l'entrée de la Cité, dont les dépendances servaient à loger les étrangers & les pèlerins pauvres : Grégoire de Tours y demeurait durant ses séjours à Paris. On sait que, durant les siècles du moyen âge, les voyageurs récitaient pendant la journée l'oraison de saint Julien pour trouver le soir un bon gîte : tradition que rappellent au XIIIe siècle l'auteur des *Mouſtiers de Paris :*

> . . . . *Saint Julien*
> *qui éberge les chreſtiens.*

& après lui Boccace & La Fontaine dans leurs contes; — Saint-Séverin, où il était d'usage, à la Pentecôte, de lâcher dans le sanctuaire des *coulons* (pigeons) blancs, introduits par une ouverture percée dans la voûte, en commémoration de la descente du Saint-Esprit sur les apôtres : mise en scène symbolique qu'on retrouve partout au moyen âge, & qui, en parlant aux yeux en même temps qu'à l'esprit de populations encore enfantines, contribuait plus efficacement que de longues déductions à les retenir dans les églises; — Saint-Benoît, élevé sur l'emplacement d'un ancien sanctuaire de

Bacchus [1], qu'on honora dans les premiers siècles sous le nom de «saint Bacchus»; — Saint-Marcel, où fut enterré au ve siècle l'évêque de ce nom. L'église, vénérée & illustrée par des miracles, devint le centre d'un bourg rattaché plus tard à la ville. Et il n'y avait pas jusqu'à la pierre tombale du saint qui ne fît merveille : c'était, assure Grégoire de Tours, un usage très ancien de racler cette pierre, dont la poussière, prise avec de l'eau, guérissait d'une foule de maladies.

Et bien d'autres églises. La plupart, au surplus, du moins les plus anciennes, n'étaient pas à beaucoup près aussi vastes que celles de nos jours. Beaucoup suffisaient tout juste pour contenir l'autel & un prêtre; & à part les plus

[1] Cette origine explique pourquoi, contrairement aux usages du rite catholique, la façade regardait l'orient, non l'occident. Cette dernière trace du paganisme disparut vers le xive siècle, & l'église s'appela dès lors *Saint-Benoît le bétourné* (bien tourné). — Le cloître Saint-Benoît devint un centre populaire où on exposait les images séditieuses, les tableaux retraçant à la foule les événements sensationnels du jour. A la mort de Marie Stuart, un tableau représentant son supplice y attira une telle affluence de curieux que le roi donna l'ordre de l'enlever.

riches, qui étaient de pierre, elles étaient bâties en bois; ainsi s'explique la fréquence des incendies.

A côté du clergé séculier s'était développée de bonne heure la société monastique sous la règle de saint Benoît [1], qui prescrivait à ses religieux la lecture, la conservation & la reproduction des manuscrits. C'est à eux, il faut leur rendre ce témoignage, c'est aux Bénédictins que nous devons presque tout ce qui a subsisté de la littérature antique, profane ou sacrée. Des écoles furent créées, auxquelles présidait l'abbé ou quelque religieux qualifié pour instruire la jeunesse. Les évêques se prirent d'une belle émulation & voulurent à leur tour avoir des écoles *épiscopales.* Toutes, les unes comme les autres, devinrent l'asile des intelligences élevées ou des âmes rebutées par les troubles civils & la grossièreté grandissante.

Puis vient la seconde race que le clergé accueille avec autant de faveur qu'il avait jadis acclamé Clovis. Du reste, les nouveaux princes

[1] Il n'y eut guère d'autre ordre à cette époque & jusqu'au xie siècle.

ne font, pour la plupart, que de courtes apparitions à Paris qu'ils délaissent pour Aix-la-Chapelle, leur nouvelle capitale. «Paris, répondait l'évêque Gozlin, aux sommations des pirates normands en 885, nous a été confié par l'empereur Charles.» Il semble bien, en effet, que ces princes aient cherché à capter l'appui du clergé parisien en lui déléguant en leur absence une portion de leur autorité[1]. Quoi de surprenant, dès lors, si nous le voyons prendre une part grandissante à la politique en même temps qu'il ne cesse de s'enrichir. Les dons aux églises de la ville, les legs, les biens de main-morte se multiplient. Viennent les invasions normandes : de toutes parts, le clergé des contrées de l'ouest se réfugie à Paris en apportant avec lui les reliques de ses saints locaux, & une nouvelle série d'églises surgit du sol pour recevoir les précieux dépôts : Saint-Barthélemy, Saint-Pierre-des-Arcis, dans la Cité; Saint-Pierre-aux-Bœufs; Saint-Germain-le-Vieux,

---

[1] Si Paris fut la résidence de Clovis, du VIIe au XIe siècle, il ne fut plus que d'une façon passagère la capitale des rois Francs & le siège officiel de leur gouvernement.

près du Marché-Neuf; Saint-Leufroy, près du Châtelet; Saint-Magloire, près la rue Saint-Denis; Sainte-Opportune, Saint-Merry. Seulement le danger passé, beaucoup de ces églises refusèrent de restituer leur dépôt provisoire, & le public du temps assista plus d'une fois à de ridicules marchandages : ainsi l'abbaye de Saint-Germain-des-Prés, située hors Paris, redemanda à la cathédrale de Sainte-Marie le corps de son saint patron, & ne put l'obtenir qu'en cédant un bras. Des moines d'Évreux durent céder dans les mêmes conditions un bras de saint Thuriaf.

Le malheur des temps n'était pas de nature à favoriser le progrès de l'instruction qui devait tant à Charlemagne. Peu d'années après sa mort, les plaintes étaient déjà générales, & à la fin de la deuxième race la plupart des clercs étaient retombés dans l'ignorance d'où le grand empereur avait cherché à les tirer; ils savaient à peine lire ou ne comprenaient pas ce qu'ils lisaient, si bien qu'Abbon, le moine de Saint-Germain-des-Prés, entreprit de rédiger des formules de petits sermons tels que les prêtres pussent les réciter au peuple.

En même temps que l'ignorance du clergé, croissaient aussi, on ne saurait se le dissimuler, sa licence & ses vices. Voici, par exemple, les religieux de Saint-Martin-des-Champs dont le libertinage amena leur remplacement par des moines de Cluny. «Ils vivoient en luxure, racontent *Les Grandes Chroniques de France,* & fourtrayoient (enlevaient) les femmes de leurs voisins.» Ces torts n'empêchaient pas le clergé d'être très exigeant à l'égard des peuples dans le maintien de la discipline ecclésiastique. L'observation du repos dominical, du carême, était rigoureusement imposée, & défense faite aux meuniers, aux bouchers qui approvisionnaient Paris, d'y contrevenir; les délinquants étaient punis des verges.

L'avènement de la dynastie capétienne, au sortir des ravages infligés par les Normands & des terreurs de l'an mille, ouvrit une nouvelle ère d'épanouissement pour le clergé, &, suivant l'expression d'un contemporain, «la terre se couvrit d'une blanche parure d'églises». Aux XIe & XIIe siècles furent relevés de leurs ruines ou nouvellement fondés nombre d'églises & de monastères : Sainte-Marine, Sainte-

Geneviève-des-Ardents, Saint-Nicolas-des-Champs, Saint-Jacques-la-Boucherie [1], dont on prit l'habitude, au xvᵉ siècle, de décorer l'église, dans les grandes fêtes, d'une tapisserie qui représentait les scènes du *Roman de la Rose.* Le jour de Noël, on y donnait une représentation de la « Gésine Nostre Dame », c'est-à-dire les couches de la Vierge : l'enfant Jésus y paraissait coiffé de deux bonnets fourrés d'étoffe d'or & vêtu d'une robe pareille.

Saint-Martin-des-Champs, dont l'abbaye, entourée d'une ceinture de murailles garnies de tourelles, présentait tout l'aspect d'une forteresse.

Saint-Germain-des-Prés, la plus célèbre de toutes, qui avait eu tant à souffrir des Nor-

---

[1] Une nouvelle église & plus vaste fut bâtie sur l'emplacement de celle-ci du xvᵉ au xvıᵉ siècle & disparut à la Révolution. La tour, commencée en 1508, subsista seule. C'est à Saint-Jacques-la-Boucherie que Bourdaloue prêcha le carême de 1679. Mᵐᵉ de Sévigné en parle dans une lettre du 27 février, qui ajoute un trait à la physionomie de l'ancienne paroisse. « Le père Bourdaloue tonne à Saint-Jacques-la-Boucherie. Il falloit qu'il prêchât dans un lieu plus accessible : la presse & les carrosses y font une telle confusion que le commerce de tout ce quartier-là en est interrompu. »

mands, & rebâtie du xie au xiie siècle. Ces abbayes étaient entourées de vastes terrains sur lesquels se groupaient des serfs attirés par les avantages du lieu, par la protection du monastère, plus sûre que celle du seigneur laïque, & par un régime moins dur. Ainsi se formaient à leur pied ces bourgs peuplés de cultivateurs & d'artisans, d'où sont sorties tant de villes modernes. La puissance des moines en vient à balancer celle des évêques : ils sont plus populaires, vivant plus avec leurs tenanciers auxquels ils répartissent le travail. Aussi puissant que le seigneur laïque, l'abbé doit avoir un bras non moins vigoureux; en ces siècles de force brutale, il est tenu, comme défenseur de son abbaye, de coiffer le casque aussi bien que la mitre, de revêtir la cotte de mailles, de chausser des éperons, pour marcher à la tête de ses vassaux. De leur côté, les rois capétiens ont secoué la faiblesse de leurs prédécesseurs, ils sont de taille désormais à tenir tête à tous ces clercs en cuirasse. Louis le Jeune, menacé par le pape, laisse piller la demeure de l'évêque de Paris; Philippe Auguste, allant plus loin, le chasse & l'oblige à s'enfuir à pied; la reine

Blanche elle-même, émue de sa dureté envers ses serfs, fait enfoncer les portes de la geôle épiscopale & en délivre les prisonniers.

A côté des taches que présentait le clergé de cette époque, il y eut dans son sein une minorité d'élite & qui ne se borna pas à relever les églises de leurs ruines : elle s'appliqua à restaurer l'instruction publique en décadence; la cathédrale de Notre-Dame, centre de l'Église de Paris, devint ainsi le foyer de son enseignement. Dès la fin du ıxᵉ siècle, un moine, Rémi d'Auxerre, tenait à Paris une école publique & laissa le souvenir d'un maître éminent; c'est à cette simple école religieuse que les historiens les plus autorisés font remonter l'origine de l'Université de Paris. Cette grande institution est donc une œuvre de l'Église, qui garda longtemps la haute main sur l'enseignement, en même temps que l'Université, dont les premiers maîtres & les premiers écoliers avaient été des prêtres & des religieux, s'efforça jusqu'au bout de garder le caractère & de jouir des privilèges de *clergie*. Cet enseignement, au début du xııᵉ siècle, se donnait au logis de l'évêque ou dans le cloître, il était sous le contrôle de l'archidiacre de Notre-Dame &, jusqu'à la fin du xviii⁰ siècle, c'était ce dernier qui donnait non seulement aux théologiens, mais aux étudiants en médecine eux-mêmes, en la grande salle de l'archevêché, sa bénédiction & la *licence* d'enseigner.

Ce privilège, l'Église de Paris se le vit disputer dès le xiii⁰ siècle par les nouveaux ordres religieux qui depuis un siècle ne cessaient de se multiplier dans la ville. Ce furent d'abord les *Dominicains*, arrivés à Paris presque teints encore du sang des Albigeois, qui s'établirent dans le faubourg Saint-Jacques, d'où leur surnom de *Jacobins;* & presque aussitôt les *Franciscains*. Bien accueillis d'abord par les docteurs parisiens, adroits & insinuants du reste, ils réussirent, à la faveur d'un de ces incidents comme il s'en présentait parfois, une interruption momentanée des cours, à se glisser dans l'enseignement, & une fois dans la place ne voulurent plus en sortir; ce fut le point de départ d'une querelle de trente années qui finit par le triomphe des deux ordres mendiants. Il profita à d'autres : Carmes, Augustins, Bernardins, Prémontrés, Trinitaires, Cisterciens, qui les suivirent sur la voie ainsi ouverte. Et l'éclat de leur enseignement universitaire fut la meilleure justification de leur entreprise.

Les Bénédictins semblent s'être tenus à l'écart de ces intrigues. Leur grande abbaye de Saint-Germain-des-Prés nous offre le type le plus complet de ce que fut un monastère riche & puissant, dans son travail, dans ses luttes aussi, à travers le moyen âge. Rebâtie au XIᵉ siècle, elle était entourée du bourg de Saint-Germain [1] qu'habitaient ses vassaux & ses serfs; elle y exerçait le droit de haute & basse justice, y possédait une échelle patibulaire & un pilori, marques visibles de sa juridiction. Au XIVᵉ siècle, avec les larges fossés qui l'entouraient, ses murailles de dix-huit pieds d'épaisseur, ses ponts-levis & ses tours, elle avait moins l'air d'un édifice religieux que d'une forteresse. A l'intérieur, l'aspect change, & le séjour en est fort agréable : vaste église flanquée au nord de son cloître qui rappelle l'habitation romaine; le jardin, entouré sur quatre côtés de portiques couverts; puis le parloir, le dortoir, le

---

[1] Aujourd'hui le faubourg Saint-Germain.

réfeétoire [1], la salle de récréation, la bibliothèque, les communs, la boucherie, le four;
puis le logis abbatial, enfin d'autres cours,
d'autres jardins, les granges, sans oublier la
prison.

La règle, toujours aussi striéte qu'à la belle
époque des écoles monastiques, prescrivait la
culture des arts, surtout de l'architeéture, à laquelle on attribuait un caraétère presque sacré.
Dans le *scriptorium*, pourvu d'une horloge à eau
ou à poids, les uns écrivaient la chronique des
événements contemporains, d'autres copiaient
les manuscrits, peignaient ces merveilleuses
miniatures des bibles, des heures, des évangé-
liaires, dont un trop petit nombre sont par-
venus jusqu'à nous.

L'abbaye enfin, comme tant de ses pareilles,
possédait des privilèges qui la plaçaient au-
dessus de la juridiétion commune : source
incessante de luttes acharnées contre l'évêque
qui s'en trouvait lésé. En 1108, l'évêque Galo

[1] Ce réfeétoire, chef-d'œuvre de Pierre de Montreuil, le grand artiste du XIII° siècle, ressemblait par
ses vastes dimensions plus à une église qu'à une salle à
manger.

parvint à gagner à ses vues l'abbé Guillaume, qui consentit à recevoir la consécration épiscopale. Mais les moines indignés d'une telle faiblesse décidèrent de ne plus le reconnaître, &, lorsqu'il voulut rentrer dans son monastère, il en trouva les portes closes.

En 1163 encore, l'évêque de Paris se présenta à l'abbaye pour assister à une cérémonie présidée par le pape Alexandre III : les religieux refusèrent de l'accueillir, & l'évêque dut céder. «Là-dessus, ajoute le chroniqueur, le pape monta en chaire & fit un beau sermon, non sur les vérités chrétiennes, mais sur les droits de l'abbaye.»

Au commencement du xvi⁰ siècle, ces moines si ferrés sur leurs droits en avaient à peu près oublié leurs devoirs & vivaient dans le plus grand relâchement; c'est à ce moment que l'abbé Briçonnet intervint en réformateur & appela dans la maison un personnel nouveau.

Que dirons-nous des autres ordres? Nous avons déjà vu les fils de saint Dominique & ceux de saint François se glisser à force d'intrigues dans les cadres de l'Université,

& s'imposer à elle de haute lutte. Saint Louis, dont le règne fut l'âge d'or des congrégations [1], soutint ces deux ordres de tout son pouvoir : c'est dans le premier qu'il choisit son confesseur, Geoffroi de Beaulieu, qui, suivant la coutume du temps, lui cinglait les épaules à coups de discipline.

Honorés de la faveur du roi & du privilège de le fustiger, ces moines n'en allaient pas moins chaque jour mendier leur pain dans les rues, ainsi que le rappelle un poème du temps, les *Crieries de Paris* :

> *Aux frères Sainct Jacques, pain,*
> *Pain, por Dieu, aux freres menors.*

Et le poète Rutebeuf, dans sa pièce des *Ordres de Paris*, nous montre dans les Jacobins un ordre puissant & riche : «Ils disposent à la fois de Paris & de Rome, sont roi & pape; ils ont acquis beaucoup de biens, car ils damnent

[1] Une pauvre femme, nommée Sarrète, traduisant un sentiment très répandu, eut la hardiesse d'apostropher le roi dans son palais en ces termes : «Tu es tant seulement le roi des frères mineurs, frères prescheurs, des prestres & des clercs; grant dommage est que tu es roi de France.»

les âmes de ceux qui meurent sans leur faire de legs... Personne n'ose dire la vérité sur leur compte dans la crainte d'être assommé, tant ils se montrent haineux & vindicatifs. »

Les Franciscains, dès leur établissement à Paris, furent en lutte ouverte avec tout le monde : d'abord, nous le savons, avec l'Université, puis entre eux, enfin avec les officiers du roi, avec lesquels ils eurent des rixes sanglantes. Ajoutons que leurs mœurs des plus débraillées exigeaient des réformes successives auxquelles ils opposaient une furieuse résistance & qui n'aboutissaient pas à grand'chose. En 1577, rapporte le Journal de L'Estoile, on découvrit dans la maison des Cordeliers[1] une belle femme déguisée en homme & qui se faisait appeler « frère Antoine ». Elle fut arrêtée, mise à la question & fouettée dans le préau de la Conciergerie.

Réformation, déformation : entre ces deux termes se déroule toute l'histoire des ordres religieux; qu'il s'agisse de Bénédictins ou de

---

[1] Surnom populaire des Franciscains, par allusion à la corde qu'ils portaient autour des reins.

Jacobins, de Cordeliers, de Célestins, de Carmes ou de Chartreux, nous assistons de siècle en siècle, tantôt chez l'un, tantôt chez l'autre, à de louables efforts également infructueux.

Voilà l'une des plus illustres maisons, celle de Sainte-Geneviève, jadis fondée par Clotilde. Au milieu du XIIe siècle, les excès de ses chanoines avaient comblé la mesure. Le pape Eugène III, alors à Paris, convint avec le roi de remplacer ceux-ci par un nouveau personnel tiré de l'abbaye de Saint-Victor. Mais les chanoines dépossédés firent tout pour évincer leurs successeurs : ils allèrent la nuit enfoncer les portes de l'église, empêchant les religieux d'y célébrer matines en poussant des cris qui couvraient les chants; il fallut les repousser de vive force.

Voilà les Carmes, ramenés en 1254 de Palestine par saint Louis: Ils n'avaient pas une réputation bien établie de chasteté, & leur nom finit par symboliser tout l'opposé. Mais nous devons saluer en passant l'un des leurs, Jean de Venette, prieur de leur maison de la place Maubert, & l'un des chroniqueurs les plus dignes d'intérêt du xive siècle. Le levain du démocrate patriote commence à percer dans sa sympathie pour Étienne Marcel, dans ses invectives contre la lâcheté des nobles à Poitiers. Mais c'était avant tout un bon vivant, peu dévot, fréquentant plus volontiers la taverne que sa chapelle :

> *Moult aise suis quant audio*
> *Li preſtre dire in principio* [1],
> *Car la meſſe si eſt finée;*
> *Li preſtres a fait sa jornée,*
> *Qui veult boire, si puet aler.*

Les ordres de femmes ne valent guère mieux. Les Béguines ou religieuses de l'Ave-Maria doivent encore leur fondation à saint Louis & au début il n'y a que du bien à en dire. Mais, dès la fin du siècle, leur ferveur

[1] Nous avons ici, semble-t-il, le premier exemple de latin *macaronique*, mélange de français & de latin, qui fut mis en vogue à la fin du xve siècle par Odassi de Padoue dans un poème sur le macaroni. Ce procédé, qui consiste à affubler les mots français de formes latines, se trouve chez beaucoup de prédicateurs de la fin du moyen âge, & chez Molière, dans la fameuse scène du *Malade imaginaire*.

paraît bien refroidie, & Rutebeuf, le poète que nous connaissons déjà, leur consacre un lardon :

> *Beguines a ou mont (au monde)*
> *Qui larges robes ont ;*
> *Deſſous lor robes font*
> *Ce que pas ne vous dis ;*
> *Papelard & Beguin*
> *Ont le siècle honi.*

Villon, deux siècles après, ne les aime pas davantage :

> *Item, aux frères mendians,*
> *Aus devotes & aus beguines,*
> *Tant de Paris que d'Orléans,*
> *Tant turlupins que turlupines,*
> *De graſſes soupes jacobines*
> *Et flans leur fait oblation,*
> *Et puis après soubz les courtines*
> *Parler de contemplation.*

Les « papelards », les « béguines », cela saute aux yeux, sont l'objet de l'animadversion générale. C'est que la dévotion sincère, mais un peu rigoriste, de Louis IX, avait indirectement suscité un vice nouveau, l'hypocrisie contre laquelle s'élèvent tous les écrivains du

XIIIe siècle. Gautier de Coinsy décrit, dans son poème de *Sainte Léocade,* les mœurs déréglées & la fausseté des moines :

> *Mais tex fait moult le babuin,*
> *Le papelart & l'ypocrite,*
> *Qui dou bon vin de Pierrefite*
> *Boit plus grans trais.*

Et cette hypocrisie, sur laquelle reviennent Rutebeuf, Guyot de Provins dans sa *Bible,* Guillaume de Lorris dans le *Roman de la Rose,* Gautier de Metz dans sa *Mappemonde,* Thibaut de Champagne, que cache-t-elle? Le vice contre nature, répond Gautier de Coinsy, trop répandu dans les cloîtres :

> *La grammaire hic à hic accouple,*
> *Mais nature maldit la couple;*
> *La mort perpetuel engenre (engendre)*
> *Cil qui aime masculin genre*
> *Plus que le femenin ne face;*
> *Et Diex de son livre l'efface.*
> *Nature rit, si com moi samble,*
> *Quant hic & hæc joignent ensamble;*
> *Mais hic & hic, chose est perdue,*
> *Nature en est tost esperdue.*

Parlerons-nous des religieuses de Saint-Martial, dans la Cité, qui « profanaient le temple du Seigneur par leurs dérèglements »; des Filles-Dieu, maison de repenties; de l'abbaye de Saint-Antoine-des-Champs, où l'on présentait le corps des rois & reines défunts, avant leur transport à Saint-Denis; des Grands-Augustins, des Chartreux, dont le régime, tout comme celui des Béguines de l'Ave-Maria, était si rigoureux, les soumettant au silence « si estroiĉtement en tous lieux que, se rencontrans, ils s'entresaluent par inclination du chef, sans dire un seul mot. Ils ne vont au réfeĉtoire que les dimanches & festes de l'année prescrites par leurs constitutions, les yeux sur la table, la main à l'escuelle, les aureilles au livre qu'on lit[1], le cœur à Dieu ».

De tous ces ordres que l'ascétisme mystique du XIIIᵉ siècle avait accueillis à Paris avec tant d'empressement, l'un des plus respeĉtables — nous ne disons certes pas le seul — était celui des Mathurins ou Trinitaires, dont l'objet était

---

[1] La Bible ou tel autre livre de piété que, suivant l'usage des couvents, l'un des religieux, installé sur une petite estrade, lisait à ses confrères pendant leur repas.

le rachat des chrétiens captifs chez les Musulmans; la vie simple & modeste de ces religieux obtient de Rutebeuf un témoignage dont il est assez avare à l'égard des autres :

Ci gist léal Mathurin
Sans reprouche bon serviteur;
Qui ceans garda pain & vin,
Et fust des portes gouverneur.
Paniers ou hottes, par honneur,
Au marchié volentier portoit;
Fort diligent & bon sonneur;
Dieu pardon à l'âme lui soit.

Les Célestins ne s'établirent à Paris qu'un peu plus tard, au milieu du siècle suivant. Jouissant, grâce à la munificence royale, d'une singulière aisance, ils en profitaient pour se livrer aux plaisirs de la table : ce sont eux qui ont mis en vogue les omelettes *à la Célestine,* si favorablement cotées dans les annales de la gastronomie. Au XVIIIe siècle, c'était, paraît-il, leur occupation favorite. « Je vis, écrit en 1733 un voyageur allemand, Jordan, la bibliothèque des Célestins. On m'a dit que l'abbé Dalou avait eu commission de la ranger & de mettre ces bons pères en goût de littérature. Cette bibliothèque est assez nombreuse, mais sans choix & sans goût. Le quart en est en carton avec de faux titres. Le bibliothécaire est fort peu chargé de sciences & n'a pas l'air fort spirituel. On m'a assuré que dans ce couvent on cultivait beaucoup la musique, & que ces messieurs avaient le plus bel assortiment de cuisine qu'il y ait dans aucun couvent de Paris. »

Pendant ce temps que devenait le clergé séculier ? Nous savons déjà que depuis le XIᵉ siècle la dévotion des Parisiens & du pouvoir royal n'avait cessé d'augmenter le nombre des églises : sous Philippe le Bel, Paris comptait déjà 33 paroisses, dont les curés rendaient la justice sous le porche de leur église, entre deux lions de pierre ; « datum inter leones », disaient les actes de ces jugements. Que de scènes peu orthodoxes dont, il faut l'avouer, ces sanctuaires étaient le théâtre ! A Notre-Dame, on offrait à la curiosité quelque peu grossière des Parisiens, le 26 décembre [1], la *Fête des Sous-Diacres,* que la malice populaire avait dénommée *Fête des*

[1] Fête de saint Étienne, patron primitif de l'église de Paris.

Diacres souls. On élisait, parmi les diacres & sous-diacres, un *évêque des fous,* qui était béni avec force gestes & propos grotesques. Le clergé s'avançait en procession vers l'église, portant la crosse & la mitre devant le nouvel élu, qui, aussitôt arrivé, s'installait sur le siège épiscopal, donnant avec une gravité de commande sa bénédiction à la foule en une formule bouffonne.

Ce n'était pourtant qu'un prélude à la *Fête des Fous,* qui recommençait le 1er janvier & durait jusqu'au jour des Rois. Celle-ci avait un caractère plus scandaleux encore que la précédente. Le clergé se rendait en procession chez l'*évêque des fous,* & le conduisait solennellement à l'église, où il entrait au son de toutes les cloches. Arrivé dans le chœur, il se plaçait sur le siège épiscopal, & la grand'messe commençait, accompagnée des scènes les plus extravagantes. Les prêtres figuraient sous divers costumes, les uns portant une défroque de baladin, les autres des habits de femmes, le visage barbouillé de suie, ou couvert de masques hideux & barbus. Dans le chœur, le clergé se livrait à toute espèce de folies; les uns y dansaient, d'autres, pendant la messe même, venaient jusque sur l'autel jouer aux dés, jeu alors sévèrement prohibé, boire, manger de la soupe, des saucisses, les offraient au prêtre officiant, pour les lui retirer aussitôt. La messe achevée, les prêtres, excités par les fumées de l'ivresse, se livraient à une joie délirante qui rappelait les antiques saturnales. Des danses lascives, des gestes & des chants obscènes n'étaient pas les seuls assaisonnements de cette orgie ecclésiastique. Des diacres, des sous-diacres ivres se dévêtaient pour se livrer entre eux aux pires débauches.

Singulière époque où presque aucune voix discordante ne s'élevait pour protester contre ces mœurs débraillées [1]. L'évêque Eudes de

[1] C'était le temps des contrastes : un mysticisme exalté succédait au réalisme le plus sensuel. Le niveau si bas de la culture générale, impuissante à former des caractères bien équilibrés, laissait ces esprits tout enfantins à la merci de la première suggestion. Le rire montait aux lèvres aussi facilement que les larmes aux yeux, & l'on était peu délicat sur les moyens de provoquer presque sans transition un changement aussi radical. Les farces réputées aujourd'hui sacrilèges, dont nous venons de parler, durèrent jusqu'au milieu du xv⁰ siècle ; la Pragmatique Sanction de Charles VII, dans son article *de spectaculis in ecclesia non faciendis,* déclare que c'est un abus honteux, *turpe abusum,* d'y bénir par moquerie, avec la crosse & la mitre, à la façon des prélats ; d'y introduire des mascarades & des jeux de théâtre,

Sully, vers la fin du XIIe siècle, fut le premier à tenter une réforme; il n'y réussit guère, & au XVe siècle encore ces pratiques trouvaient des défenseurs au sein même du clergé.

Il y eut sans doute, vers cette époque, à Paris un concile dont les décisions peignaient bien les mœurs du clergé contemporain. Il défendait aux prêtres & aux moines d'exiger des legs, de porter des vêtements somptueux, d'entretenir des concubines; aux religieuses, d'avoir auprès d'elles des clercs ou des serviteurs suspects, ou de danser dans le cloître; aux prélats, de proférer des jurements terribles & honteux, d'entendre les matines dans leur lit, de s'adonner au jeu ou à la chasse, & d'avoir à leur suite *des fous pour les faire rire*. Enfin les abbés des couvents étaient requis d'en faire murer les petites portes.

Ce qu'un concile proclamait dans son langage officiel, tous les fabliaux contemporains

larvales ac theatrales jocos, des danses & des trémoussements d'hommes & de femmes, *chorcas ac tripudia marum ac mulierum,* & d'y provoquer des éclats de rire, *cachinnationes.* Ces désordres étaient donc encore en pleine vigueur sous Charles VII; on en trouve des traces jusque sous Charles VIII, à la veille du XVIe siècle.

le répétaient à l'envi dans la liberté vengeresse de leurs satires : à les feuilleter au hasard, nous n'aurons que l'embarras du choix. Voici le fabliau du *Cuvier* [1] :

> *D'un marcheant qui par la terre*
> *Aloit marcheandise querre.*
> *En sa meson leſſoit sa fame*
> *Qui de son oſtel eſtoit dame ;*
> *Il gaaignoit a grant mesaise*
> *Et ele eſtoit & bien & aise*
> *Quant il ert alez gaaignier*
> *Et ele se fesoit baingnier*
> *Avoec un clerc de grant franchise*
> *Où ele avoit s'entente mise.*
> *Un jour se baingnoient andeux ;...*

Puis le maître de la maison revient à l'improviste, & la servante accourt l'annoncer à sa maîtresse.

> *La dame l'ot, de paor tremble.*
> *Ele & li clercs, sans atargier,*
> *Sont andui sailli du cuvier,*
> *Ele sailli hors toute nue.*
> *Au plus toſt qu'ele pot s'eſt veſtue.*

[1] Voir MONTAIGLON & RAYNAUD, *Recueil général des fabliaux des XIIIe & XIVe siècles*, I, 126.

Elle renverse le cuvier, cache le clerc dessous & l'y laisse jusqu'au départ de son mari.

Dans le fabliau du *Preftre crucefié*[1], le sujet est le même ; seulement le mari, qui soupçonnait sa femme, revient à la dérobée, aperçoit par une fente sa femme & le prêtre, son complice, faisant ripaille en son absence. Le pauvre mari frappe à la porte pour se faire ouvrir, & tandis que la femme accourt, le prêtre va s'étendre parmi les crucifix que le maître, sculpteur de son métier, a préparés pour la vente. Accompagné de sa femme, celui-ci s'approche &, sous prétexte de corriger un défaut de sculpture, il mutile le prêtre.

Celui de *Gombert & les deux Clers*[2] conclut par la morale suivante qui résume les vues de tout le moyen âge sur la question :

> *Cis fabliaus monftre par exemple*
> *Que nus hom qui bele fame ait*
> *Por nule proiere ne lait*
> *Clerc gesir dedenz son oftel,*
> *Que il li feroit autretel ;*
> *Qui plus met en aus, plus i pert.*

[1] Voir MONTAIGLON & RAYNAUD, *Recueil général des fabliaux des XIIIe & XIVe siècles*, I, 194. — [2] *Ibid.*, I, 238.

Sans en citer tant d'autres, bornons-nous à rappeler les prétendus pèlerinages que nombre de Parisiens faisaient à Aubervilliers, à Notre-Dame-des-Vertus, à Notre-Dame de Boulogne, à Saint-Maur-des-Fossés; mais ces excursions avaient surtout un but de galanterie : c'étaient des rendez-vous amoureux avec les moines, prétend Guillaume Coquillart, official de l'église de Reims & rimeur satirique.

Mesdames, sans aucuns vacarmes,
Vont en voyage bien matin
En la chambre de quelques Carmes,
Pour apprendre à parler latin;
Frere Berufle & damp Fremin
Les attendent en lieu celé.
Ont-ils bien gaudy & gallé,
En lieu de dire leurs matines,
Le vin blanc, le jambon salé,
Pour festoyer ces pelerines.
Après, on reclost les courtines,
On accole frere Frapart;
En baisant, ilz joignent tetines;
Le grant Diable y puist avoir part!
Le jour poingt, on fait le départ, etc.

Mais les maris se plaignent de leur longue

absence ; elles répondent qu'elles reviennent d'un pèlerinage.

> *Du travail le front me dégoute,*
> *Je viens de Sainct-Maur-des-Foßés ,*
> *Pour eſtre allégée de la goutte ,*
>
> . . . .
>
> *Moynes , preſtres & cordeliers*
> *Prennent avec elles deduiĉt* [1].

Ce serait cependant concevoir une fausse idée de l'Église du moyen âge que de n'y chercher autre chose que le jeu des appétits les plus grossiers & de passions toujours en éveil ; elle n'aurait pu traverser les siècles, acceptée & respectée, sans justifier par de grandes vertus & d'éminents services une situation aussi privilégiée. Et certes nous ne serions point embarrassé de relever dans l'ancienne Église de Paris des caractères élevés, des institutions dont l'utilité suppléait aux lacunes de l'administration royale, des souvenirs d'une émotion pénétrante. Faut-il rappeler ces noms qui sont dans toutes les mémoires : Pierre d'Ailly, chancelier

[1] *Monologue des perruques,* poésies de Guill. COQUILLART, p. 170-171.

de l'Université ; Jehan Gerson, son successeur, adversaire de la scolastique & de l'astrologie « au nom de l'humaine raison qui se doibt conduire par l'expérience » ; Nicolas de Clémengis, recteur de l'Université, qui voient de plus haut que la généralité de leurs contemporains, & jugent sans faiblesse les maux de la société ecclésiastique ? Et que d'autres qui se dérobent à notre revue ! Au milieu du désordre des temps, c'était dans l'ombre des monastères que, tout comme le prêtre Salvien dix siècles plus tôt, se retiraient une foule d'âmes altérées de paix ou désabusées du monde pour y chercher le repos & l'oubli. N'est-elle pas, dans son exquise émotion, digne de l'auteur de l'*Imitation*, cette scène de la petite chapelle de Saint-Aignan, dans la Cité, où saint Bernard, au commencement du XIIᵉ siècle, vint pleurer durant toute une journée sur son impuissance à convertir les pécheurs, & fut consolé enfin par Étienne de Garlande, archidiacre de la cathédrale ?

Tout comme ils fondèrent à la fin du XIIᵉ siècle l'Université de Paris, ce sont les évêques encore, & à leur imitation les monastères qui ouvrirent auprès de leurs églises les premiers établissements hospitaliers dirigés par des prêtres & entretenus par les aumônes des fidèles. Si, au xive siècle, l'administration des hôpitaux de Paris passa aux mains de tuteurs laïques, à l'Église revient du moins le mérite d'avoir inauguré ce grand mouvement de charité dont elle porta la charge durant des siècles. Encore en 1168, tout chanoine qui venait à mourir était tenu de léguer à l'Hôtel-Dieu un lit garni.

Les clercs ont fait plus encore : c'est dans leurs rangs que l'on retrouve l'élément actif de la démocratie, le ferment vivace & permanent des réformes durant les périodes les plus troublées du moyen âge. Certains de nos ordres monastiques, au premier rang les mendiants, ont été à côté du clergé séculier une sorte de milice populaire organisée pour plaider la cause du pauvre & du faible contre les vices & les violences des grands, des prélats, de tous les oppresseurs. Sortis des derniers rangs du peuple, la plupart de ces orateurs, qui jetaient aux foules leurs chaudes improvisations dans les églises aussi bien qu'en plein air, sur les places & au

coin des carrefours, portaient dans leurs allures
l'empreinte de leur origine; du peuple ils avaient
les colères ardentes, l'éloquence inculte, le ton
grivois & sarcastique, plus d'une fois la facilité
d'égarement. Relevés par l'Église dans leur
condition sociale & intellectuelle, ils étaient
désormais en position de tenir tête aux princes,
même à ceux de l'Église, de penser & parler
avec franchise. Sous le couvert de leur robe &
du couvent qui les abritait, tribuns, réforma-
teurs, moralistes, satiriques, frondeurs même,
ils lançaient aux foules enthousiastes leurs
paroles, les seules qui aient jamais pu parler à
tous & de tout, sans courir aucun danger; la
sympathie du peuple les protégeait si bien que
les rancunes les plus élevées durent parlementer
avec eux. Époque rare où il fut possible de
proclamer sa pensée tout entière, si mordante
qu'elle fût; & cette liberté, dont les vieux sermonnaires nous ont conservé la trace, fut une
des puissances du moyen âge. La franchise de
ces orateurs populaires dans leurs peintures
de la société contemporaine nous permet de
reconstituer les générations passées dans l'inti-
mité de leur foyer aussi bien que dans l'agita-

tion de la vie publique, tandis que leur indépendance fit de leur chaire la seule tribune
ouverte aux époques les plus désastreuses du
règne de Charles VI. Les orgies de la cour &
des princes qui déchiraient le royaume à leur
profit furent fustigées plus d'une fois par des
invectives qui eussent coûté la vie à un orateur
moins sauvegardé. En 1405, le moine augustin
Jacques Legrand stigmatisa publiquement la
reine Isabeau qui entrait à l'église, la tête fiè-
rement chargée de ses hennins, la poitrine
discoperta usque ad umbilicum, & foulant la dalle
du sanctuaire de ses chaussures *à becs de deux
pieds de long.* En dépit de la colère des courtisans, il reprocha à la reine « de faire régner à
sa cour dame Vénus, accompagnée de ses sui-
vantes inséparables, la Gourmandise & la Cra-
pule ». Peu de jours après, devant le roi lui-
même, il accusa de la misère publique le duc
d'Orléans, « le maudit des peuples », dont la
complicité avec la reine & les déportements
« soulevaient la clameur publique ».

La *Chronique du Religieux de Saint-Denis* rapporte une harangue analogue du Carme Eus-
tache de Pavilly. Indigné des désordres qui

ruinaient l'État, ce moine désigne par leur nom tous les grands officiers de la couronne qui « mangeoient & déroboient le roy & le royaulme, acqueroient riches possessions, bâtissoient chasteaulx & grans maisons » aux dépens du peuple.

Le redoutable Louis XI lui-même, qui ne plaisantait pas avec les conseillers importuns, subit la sévérité de leur langage; & à quel point celle-ci était appréciée du peuple, un passage du chroniqueur Jehan de Roye nous l'apprend : « En ladicte année 1478 vint à Paris un cordelier... [1] pour prescher à Paris & illec blasmer les vices. Et si blasma tous les estats, & si prescha de la justice du gouvernement du Roy, des princes & seigneurs de ce royaulme, & que le Roy estoit mal servy, & qu'il avoit autour de luy des serviteurs qui luy estoient traistres, & que s'il ne les mettoit dehors, qu'ils le destruiroient & le royaulme aussy. Desquelles choses en vinrent nouvelles au Roy, par quoy ordonna qu'on lui deffendist prescher. Et pour ceste cause vinst à Paris maistre Olivier Le

[1] Anthoine Fradin.

Daim, barbier du Roy, pour luy faire deffendre le prescher. Ce qui fut à la grande des-
plaisance de plusieurs hommes & femmes qui
fort s'estoient rendus enclins a le suyvre & ouïr
ses parolles & predications. Et pour doubte
qu'on ne le prînt, ne qu'on luy fist aulcun op-
probre, le furent veiller nuict & jour dedans le
couvent des Cordeliers dudict lieu de Paris, &
luy disoient qu'il n'eust point de paour & qu'ils
mourroient avant qu'esclandre lui advînt. »

Ceux qui attaquent les prélats & les privilé-
giés ecclésiastiques ne montrent pas moins
de hardiesse : princes de la terre & princes de
l'Église se retrouvent sous la même férule.
Marchant pieds nus pour la plupart, vêtus
de bure, maigrement nourris, ces prolétaires de
la milice cléricale ne pouvaient voir sans scandale les grands seigneurs ecclésiastiques dont
le luxe faisait un contraste si cru avec leur profession religieuse & qui se taillaient une fortune dans les revenus des fondations pieuses.
« Aujourd'hui, dit le jacobin Guillaume Pépin,
beaucoup suivent le Christ non pour lui, mais
pour les pains qu'il multiplie; principalement
les fils des nobles qui entrent en religion & re-

cherchent les dignités de l'Église pour y vivre plus largement... Cette foule qui suit Jésus n'est pas en quête du Sauveur, mais d'une proie. » — « Allez à la table des prélats », dit à son tour le cordelier Olivier Maillard. « Dites-moi, dames, damoiselles, bourgeoises, d'où vous vient cette robe, cette chaîne, cette bague que vous portez ? N'est-ce pas le seigneur évêque, prieur ou abbé, possesseur de bonnes rentes, qui vous l'a donnée ? Je le crois volontiers, car ils sont toujours disposés à les donner aux courtisanes. » Michel Menot, dans son langage macaronique [1] qui répondait si bien au goût du temps, fulmine contre l'exploitation des populations crédules par les vendeurs d'indulgences & de reliques qu'expédiait périodiquement la cour de Rome. « Quant à l'abus de ces indulgences & à ces cafards qui trompent le peuple, *caphardos qui decipiunt populum,* que dites-vous de ceux qui, ayant perdu leurs reliques à la taverne, mirent à la place desdites reliques un brin de fagot trouvé dans une étuve, & dirent qu'il venait du bûcher où

[1] Pour l'explication de ce terme, voir plus haut la note de la page 183.

avait été grillé saint Laurent? Que dites-vous encore de celui *qui projecit inter dentes,* qui glissa entre les dents du mort une de ces bulles, comme on le conduisait au cimetière, prétendant qu'il serait sauvé par cet expédient? Certes, il ne faut selon vous que la queue d'un veau pour atteindre au ciel, pourvu qu'elle soit assez longue. »

Enfin ces vieux sermonnaires, qui ne sont bien souvent que le reflet du confessionnal & du foyer, nous offrent une image pittoresque des sociétés disparues & des vices particuliers à chaque époque : clercs, juges, gens de guerre, marchands, défilent sous nos yeux dans le plus curieux kaléïdoscope, nous livrant maint secret sur le costume, les jeux, les professions, les intrigues amoureuses & jusque sur les recettes culinaires. « Si les murs des églises avaient des oreilles, clame Maillard, je crois qu'ils nous conteraient de merveilleuses choses. O pauvres prostituées, vos ostenditis vultum vestrum & facitis ibi vestras infames locutiones & signa impudica & inhonesta. » Puis il parle de celles qui portaient dans leurs livres d'Heures les noms de leurs meilleurs amants, « in Horis suis amantiorum nomina, utpote : vostre loyal, vostre mignon, vostre serviteur, vostre trétout, filia dyabolica ! »

Dans le même ordre d'idées, Michel Menot nous décrit la tenue des gentilshommes à l'église. « Est ecclesia, tamen vous en faictes vestrum lenonem. Si une truande facere velit mercaturam cum adultero, dicit illi : invenietis me in tali ecclesia à telle heure, & tunc loquemur de negotio. Aussi en prenant de l'eau bénite, ne vous prend-il pas envie de rire en pensant à de telles dissolutions & dérisions ?... Si Madame sit in ecclesia & arrive ung gentillastre, tunc oportet quod domicella, pro manutenendo consuetudines nobilitatis, surgat in medio populi, omnibus Deum laudantibus, & sacerdote habente corpus Domini super altare, vadit & osculatur eam bec à bec. Ad omnes diabolos talis modus faciendi & etiam la maniere & la coutume postquam fit Deo talis irreverentia. »

A l'époque de la Ligue, malheureusement, le prédicateur populaire tourna un peu à l'énergumène. Le curé Jean Boucher, l'apologiste de Jean Châtel, appelait le roi Henri III

« ce teigneux, tousjours coëffé à la turque d'un
turban, lequel on ne luy a jamais veu oster,
même en communiant, pour faire honneur à
Jésus-Christ ». Après l'entrée de Henri IV à
Paris, Jean Guérin, le pire de cette bande, se
permit d'appeler le roi « ce maudit Béarnois,
ce fils de p…, dont la mère estoit si publicque
qu'elle se prestoit à tout le monde ». Il en était
heureusement, dans le nombre, qui savaient
assaisonner leurs violences de quelques grains
du vieux sel gaulois : tel ce feuillant de Melun, Maur. Poncet, qui, en mars 1583, critiqua
vertement la procession de pénitents conduite
par le roi en personne, pieds nus & le corps
couvert d'un sac en blanche toile de Hollande.
« J'ai esté adverti de bon lieu, dit-il dans
l'église Saint-Pierre-des-Arcis, que hier au soir
qui estoit le vendredi de leur procession, la
broche tournoit pour le soupper de ces bons
poenitens, & qu'apres avoir mangé le gras
chappon, ils eurent pour leur collation de nuit
le petit tendron qu'on leur tenoit tout prest.
Ah! malheureux hipocrites, vous vous moc-
quez donc de Dieu sous le masque, & portez
pour contenance ung fouet à vostre ceinture;

ce n'est pas là, de par Dieu! où il vous le faul-
droit porter, c'est sur vostre dos & sur vos
espaules, & vous en estriller tres bien, & il n'y
a pas ung de vous qui ne l'ait bien gaingné[1]. »
Le roi, disant que « c'estoit ung vieil fol », le
renvoya à Melun, *sans lui faire aultre mal que la
peur qu'il eust, y allant, qu'on le jettast en la rivière.*
Avant son départ, « le duc Despernon le vou-
lust voir, & en riant lui dist : Monsieur nostre
maistre, on m'a dit que vous faites rire les
gens à vostre sermon; cela n'est guères beau.
— Monsieur (répondit Poncet), je veux bien
que vous sçachiez que je ne presche que la parole de Dieu, & qu'il ne vient point de gens à
mon sermon pour rire, s'ils ne sont meschans &
atheistes; & aussi n'en ai-je jamais tant fait rire
en ma vie comme vous en avez fait pleurer ».

L'exaltation de ces religieux atteignit son
point culminant dans la fameuse procession
de la Ligue, en 1590. Les moines imaginèrent

---

[1] A cette procession assistaient, outre le roi, le cardinal de Guise comme porte-croix, & son frère le duc de
Mayenne comme maître des cérémonies; le jésuite Auger,
« basteleur de son premier mestier, dit le Journal de L'Estoile, conduisoit le demourant ».

une manifestation « si bizarre & si ridicule, dit Félibien, que la postérité peut à peine la croire véritable ». Le 14 mai, au moment où Paris, assiégé par Henri IV, était réduit à la dernière extrémité, toute la population se pressait dans la rue & aux fenêtres pour admirer « la monstre ou revue » des troupes que les couvents pouvaient mettre sous les armes, environ 1,300 ecclésiastiques réguliers ou séculiers, de toute robe, de tout âge, de toute taille, de toute corpulence, escortés par la foule qui applaudissait. Ce cortège se rendit de l'église Saint-Jean-en-Grève, près l'Hôtel de ville, en passant par Notre-Dame, où le légat attendait tous ces héros, jusqu'au couvent des Grands-Augustins. A leur tête, au bruit assourdissant de toutes les cloches des églises, marchaient dom Bernard, le prieur des Chartreux, & le recteur de l'Université, Guillaume Rose, tenant chacun un crucifix d'une main, une pique de l'autre. Ils étaient suivis des ordres mendiants chantant des hymnes, sur quatre de front : Carmes, Dominicains, Franciscains & Augustins ; des Feuillants, des Minimes, des Capucins, tous le casque en tête, avec plume de coq, le capuchon bas, la cuirasse sur le froc, la robe troussée, une dague à la ceinture, une arquebuse sur l'épaule. Le *petit Feuillant,* dom Bernard de Montgaillard, quoique boiteux, s'y distingua par son agilité, courant de tous côtés pour régler les rangs. Les curés Le Pelletier, de Saint-Jacques-la-Boucherie; J. Boucher, de Saint-Benoît; J. Hamilton, de Saint-Côme, & Guincestre, de Saint-Gervais, avec de nombreux prêtres travestis en soldats, l'assistaient dans cette tâche pénible. Cette *église militante* avait pour enseignes un crucifix & l'image de la Vierge. En passant devant le légat, ils lui demandèrent sa bénédiction, & tirèrent en son honneur une salve de mousqueterie qui tua raide son aumônier, en blessant un serviteur de l'ambassadeur d'Espagne. On remarqua qu'à cette procession n'assistèrent ni les chanoines réguliers de Sainte-Geneviève & ceux de Saint-Victor, ni les Bénédictins & les Célestins.

Les faits qui précèdent marquaient la conclusion inévitable à laquelle devait aboutir l'histoire de l'Église de Paris telle qu'elle s'était développée depuis deux siècles. Tout comme l'Université, elle vit son rôle augmenter aux xɪɪɪᵉ & xɪvᵉ siècles, & toutes deux s'unirent pour exercer dans l'État une action salutaire. Dès le début du xvᵉ siècle, au premier souffle des temps modernes, elle révéla ses sentiments intimes, foncièrement hostiles à tout progrès, à toute indépendance d'esprit, & émit des principes de routine, de théocratie, d'hypocrisie & de régicide qui engagèrent sa responsabilité; car c'est à elle qu'appartiennent, en dépit de toutes les dénégations, Jean Petit, les bourreaux de Jeanne d'Arc, les sanguinaires persécuteurs de Ramus & les Ligueurs.

Avec le xvɪɪᵉ siècle, les clercs devinrent moins bruyants & s'appliquèrent à travailler en silence. Du reste, Henri IV & ses successeurs n'auraient plus toléré les écarts du passé. Le règne de Louis XIII, comme jadis celui de son ancêtre saint Louis, fut une époque singulièrement favorable au développement des ordres religieux, preuve de leur adresse à se faire bien voir de l'opinion publique. En 1611, ce sont les Jacobins de la rue Saint-Honoré qui ouvrent leur maison, puis les Carmes déchaussés de la rue de Vaugirard qui, ne portant que des sandales aux pieds, excitèrent dès le premier jour l'enthousiasme des dévots. La générosité de ces derniers leur permit de bâtir, dans le voisinage de leur vaste établissement, plusieurs maisons d'excellent rapport; mais, observe M. de Sainte-Foix, « ces richesses ne les enorgueillissent pas; ils continuent toujours d'envoyer des quêteurs dans les maisons [1] ». En 1612, c'est le noviciat des Jésuites du faubourg Saint-Germain; en 1613, les Capucins du faubourg Saint-Jacques; en 1628, les Prêtres de la Doctrine chrétienne au faubourg Saint-Victor, & les Augustins déchaussés ou Petits-Pères; en 1623, les Jacobins du faubourg Saint-Germain; puis c'est la congrégation de l'Oratoire, dont les nobles traditions & l'illustration de plusieurs de ses membres lui ont fait une place à part dans l'histoire du clergé régulier; ses prêtres ne prononçaient pas de vœux, les règlements leur

---

[1] Ils avaient le sens très moderne des affaires &, non contents de mettre à profit la dévotion des fidèles, ils y ajoutèrent encore d'autres sources de revenus. Ils possédaient le secret de deux compositions dont ils firent un commerce lucratif : le *blanc des Carmes,* qui donnait à la surface des murs le poli du marbre, & *l'eau de méliße* ou *des Carmes;* point de petite-maîtresse qui ne portît son flacon d'eau des Carmes.

laissant autant d'indépendance que le comportait le maintien du bon ordre. « C'est un corps, disait Omer Talon, où tout le monde obéit, & où personne ne commande. » Cette congrégation est toujours restée un foyer de lumières & de bonnes mœurs, & elle a puissamment contribué, dans les temps qui ont précédé la Révolution, au progrès & au bien public.

Le plus illustre, à cette époque, est encore l'ordre des Bénédictins, leur doyen d'âge à tous; fidèle à des traditions de science & de vertu qui remontent à dix siècles, il entreprend, dans la vieille abbaye de Saint-Germain-des-Prés, les grands travaux qui ont consacré pour toujours sa réputation. Au commencement du XVIIe siècle, cependant, une réforme s'imposait, dont les religieux de la congrégation de Saint-Maur furent l'admirable instrument. Leur arrivée fut une bonne fortune pour la vieille maison; & sous le régime nouveau qu'ils y ont introduit : stricte observation de la règle, piété, ardeur au travail, ils inaugurèrent la série de ces œuvres historiques qui ont rendu célèbres, avec l'ordre tout entier, les noms de Mabillon, Montfaucon, Félibien, Lobineau.

A ce moment, dans la seconde moitié du
XVIIe siècle, le rôle de l'abbaye était bien
diminué. Le temps n'était plus où l'abbé, indépendant de l'évêque, ne relevait, au spirituel,
que du pape; où sa suzeraineté féodale s'exerçait sur toute la rive gauche de la Seine, & sa
juridiction, représentée par un nombreux personnel d'officiers de justice, sur le faubourg
Saint-Germain; il les perdit sous Louis XIV.
L'abbaye, il est vrai, était une des plus riches
de France : le trésor de l'église renfermait
de précieuses reliques du passé, la châsse de
saint Germain, œuvre des grands orfèvres du
XIIIe siècle, ornée d'or, d'argent, de perles &
de pierres précieuses, qui passait pour une
merveille de richesse & de goût. Le réfectoire,
du XIIIe siècle, était orné d'anciens vitraux.
La bibliothèque voisine se développa surtout
au début du XVIIIe siècle : c'était l'une des plus
curieuses de Paris par ses trésors bibliogra-
phiques & l'une des premières ouvertes au
public. Dans l'église, on admirait surtout la chapelle de la Vierge, un bijou de l'architecte
Pierre de Montreuil; le reste des bâtiments
conventuels était vaste, mais délabré.

Depuis la dernière réforme, les religieux vivaient dans une pauvreté tout ascétique : le mobilier des cellules comprenait une couchette, une table & une chaise de bois, un prie-Dieu, un bénitier d'étain ou de pierre, un chandelier de fer, une lampe de fer-blanc, ou de cuivre, quelques images de dévotion & c'était tout. Enfin, le maigre était perpétuel, & l'on ne voyait de viande qu'à l'infirmerie.

Si l'aspect des cellules & de leurs longs corridors froids & silencieux n'avait rien d'attrayant, quel charme, d'autre part, empreint dans l'affabilité & la simplicité presque naïve des moines entre eux, dans la cordialité prévenante de l'accueil fait aux visiteurs du dehors, dans cette urbanité digne & grave qui sentait son xviie siècle dans ce qu'il avait de meilleur. Il n'est pas aisé, après les bouleversements qu'a subis notre société, de se représenter ce que devait être un milieu pareil, sous l'inspiration de ces savants de premier ordre : d'Achéry, Mabillon, Montfaucon, dont les célèbres travaux d'érudition ont jeté un si grand éclat sur la science française à cette époque. A partir de 1665 & en une quarantaine d'années, Mabillon publie, au prix d'un travail énorme, les *Œuvres de saint Bernard*, les *Vies des saints de l'ordre de saint Benoît*, le *Traité de Diplomatique*, bien connus de tous les érudits. Sous sa robe de bure noire, Mabillon alliait à la modestie & à la piété du Bénédictin une science prodigieuse, la traditionnelle indépendance de critique & l'esprit de libre recherche, qui ont donné à cet ordre une place à part. Saint-Germain-des-Prés devint ainsi un rendez-vous intellectuel, un centre d'études & de consultations où tous les savants sérieux tenaient à honneur d'être admis. Dans ces réunions d'élite, qui se tenaient à l'abbaye le dimanche, « après vespres », on rencontrait Du Cange & Baluze, deux maîtres de l'érudition française : l'un calme, réservé, aimant peu le monde, serviable & toujours prêt à s'effacer; l'autre vif, entier, plein d'entrain, brusque même, réunissait ses amis à des soupers fort différents des réunions de l'abbaye, du reste profond, sagace & d'une singulière hardiesse d'esprit pour ce temps; d'Herbelot, le fondateur des études orientales en France; l'abbé de Longuerue, savant hébraïsant, au reste réputé pour ses bons mots qui le faisaient un peu redouter & pour la liberté de ses opinions; Renaudot, le petit-fils du fondateur de la *Gazette de France,* & qui, lui-même, parlait dix-sept langues; l'abbé Bignon, que Leibnitz appelait « l'illustre M. Bignon, qui fait honneur aux sciences »; Thévenot, le savant voyageur; les frères Anisson, les célèbres libraires de Lyon, originales figures de Mécènes qui, par leurs conseils & leurs offres, suscitaient la publication d'ouvrages nouveaux; & Ménage, le grammairien, & Pellisson, le correspondant de Leibnitz. Tous avaient un trait commun : leur passion pour la science du passé, remarquable en un siècle où Fénelon trouvait l'art ogival choquant, & où Boileau faisait remonter la littérature française à Ronsard.

Au dehors, Mabillon correspondait avec tout ce que l'Europe savante comptait d'esprits éminents : abbés des monastères d'Italie, de Suisse & d'Allemagne, évêques, professeurs d'universités, grands seigneurs, princes régnants eux-mêmes; il leur envoyait ou en recevait des informations & des faits nouveaux, des consultations sur des points controversés, des copies même de manuscrits.

Au commencement du XVIIIe siècle, Mabillon mourut, & Montfaucon continua ses travaux : physionomie plus vivante, plus *colorée* que l'humble & pacifique Mabillon, pleine d'originalité avec sa fougue d'ancien cadet & ses saillies gasconnes; enfin un prodigieux travailleur, qui publia des éditions monumentales de saint Athanase, d'Origène, une *Paléographie grecque,* science entièrement nouvelle, & trouva encore le temps d'apprendre plusieurs langues orientales. « J'employais, écrit-il, treize ou quatorze heures par jour à lire ou à écrire, comme j'ai toujours fait jusqu'à présent. »

En même temps, un esprit nouveau a commencé à pénétrer dans l'enceinte du monastère, y apportant un écho des bruits du dehors. La cellule de Montfaucon continue bien à recevoir ses visiteurs, mais ce ne sont plus les mêmes figures, & qui n'y apportent plus les mêmes idées : le charme discret & un peu grave de l'autre siècle a fait place à une certaine diversité, presque de l'opposition déjà. Prélats & grands seigneurs y frayent avec des professeurs & des savants : Bignon, que nous connaissons déjà, à la conversation si attrayante; le doux

& modeste Rollin, janséniste convaincu jusqu'à la fin & cependant bien vu de tous; Fréret, un des plus grands noms de la science française pour la lucidité presque divinatoire avec laquelle il avait commencé à déchiffrer le problème de nos origines nationales; La Curne de Sainte-Palaye, qui apporta, le premier, un talent singulier & une grande persévérance à étudier les monuments, si dédaignés alors, de la vieille langue du moyen âge, en même temps un homme du monde, avec de l'esprit & du meilleur. Des grands seigneurs aussi : le cardinal de Polignac, bel esprit & lettré délicat, jadis un des plus empressés courtisans de Versailles[1]; & le cardinal de Rohan, prélat mondain & ami du faste plus qu'évêque; le duc & la duchesse du Maine, deux princes du sang qui ont laissé, le premier surtout, une réputation d'esprit & de goût pour toutes les choses de l'intelligence; le duc de Coislin & le maréchal d'Estrées, deux érudits en même temps qu'hommes d'esprit; & le duc de Saint-

---

[1] D'après Saint-Simon, c'est lui qui se fit une réputation pour avoir dit un jour au roi que « la pluie de Marly ne mouille pas ».

Aignan, & le maréchal de Noailles, & Saint-Simon lui-même; des gens de robe, les présidents Molé & de Lamoignon. Dans ces relations entre gens de conditions différentes, insensiblement les barrières tendent à s'abaisser & les rapports à acquérir plus d'abandon.

Les étrangers de passage à Paris ne manquaient pas dans ce cercle; la circulation commençait à devenir plus active, les voyageurs devenaient plus nombreux & l'élément international donnait déjà à la société de l'abbaye une physionomie *sui generis.* « Il n'est point dans Paris, écrit le voyageur Jordan [1], de couvent où les étrangers trouvent plus de plaisir que dans l'abbaye de Saint-Germain-des-Prés; tout y respire la science & la politesse. L'étranger n'y voit rien qui le choque. Ici le religieux est occupé à l'étude & fait du travail son principal plaisir. Cette maison renferme d'ailleurs les plus savants hommes de France, qui consacrent toute leur étude au bien de l'Église & de l'État. » Dans sa visite à Mont-

---

[1] Voir son *Histoire d'un voyage littéraire fait en 1733 en France, en Angleterre & en Hollande.* L'auteur était un Allemand issu de Français réfugiés en 1685.

faucon, il le trouva « enfoncé dans la lecture de vieux manuscrits grecs nouvellement arrivés. C'est un vieillard octogénaire, plein de politesse & d'honnêteté, d'une humeur douce & gaie ».

Dans l'intérieur même du monastère, des symptômes se manifestaient des mœurs nouvelles. Après une succession d'abbés mondains, mais de mœurs douces & exerçant l'autorité la plus indulgente, le cardinal de Bissy venait de mourir : c'était en 1737, & l'on ne savait quel successeur lui désigner. « M. le comte de Clermont, prince du sang, écrit à ce sujet dans son journal l'avocat Barbier, voudrait attraper le morceau, mais pour cela il faudrait réellement prendre l'état ecclésiastique & n'être pas en habit galonné & en épée. Les moines n'aimeraient pas un abbé dans leur palais qui serait journellement occupé par Mlle Camargo, ci-devant danseuse de l'Opéra, & par des compagnies assortissantes. » Au scandale de tous, ce fut bien le comte « qui attrapa le morceau ». Destiné dès l'enfance aux grandes dignités de l'Église, il avait été tonsuré à l'âge de neuf ans & pourvu de riches bénéfices ; homme d'esprit, mais sans aucune vertu ecclésiastique, il scandalisait, par ses désordres, le Paris de son temps. «Monsieur le comte de Clermont, continue Barbier, ne mène pas une conduite bien régulière. Il est abbé & jouit de plus de deux cent mille livres [1] de revenu. Il est sans épée, mais les cheveux en bourse & en habit brodé & galonné. Il doit deux millions dans Paris & change tous les jours de maîtresse. » Avec les revenus de Saint-Germain-des-Prés, l'illustre abbaye qui remontait presque aussi haut que la monarchie, le nouvel abbé allait défrayer le luxe de Mlle Leduc, sa nouvelle passion. Du moins avait-il eu la discrétion de s'installer seul dans le logis abbatial de Saint-Germain; mais, durant trente-quatre ans qu'il garda sa dignité, il n'y résida que le moins possible, recevant ses religieux le matin, soit à la Croix-de-Berny, *maison des champs* de l'abbaye, soit au logis abbatial, soit à l'hôtel de Mlle Leduc, rue de Richelieu.

Ce prince du sang était, à l'un des premiers rangs de la société, le type de ces *abbés* du

---

[1] Exactement 271,000 livres.

xviiiᵉ siècle, viveurs spirituels mais débauchés, tels que Chaulieu & Voisenon, qui achevèrent de discréditer l'Église aux yeux d'un monde déjà peu porté à la dévotion. Quand il y avait beaucoup d'enfants dans une famille, on en destinait un à l'Église ; peu ou point engagé dans les ordres, il portait un petit chapeau à cornes, un habit ou *petit collet* noir, brun ou violet, les cheveux coupés en rond : ainsi paré, il se faisait appeler *monsieur l'abbé*[1]. Les plus favorisés étaient ceux qui parvenaient à obtenir un riche bénéfice en commende. Pas de sort plus heureux que celui d'un riche prieur ou d'un abbé commendataire : il avait de la considération, de l'argent, point de supérieurs & rien à faire. Tel était le comte de Clermont. A un rang bien inférieur, un autre abbé avait, bien des années auparavant, laissé, lui aussi, à la grave maison un souvenir peu orthodoxe.

[1] On rencontrait ces *petits abbés* partout où ils n'avaient que faire : au bal, à la comédie. Leur exquise politesse, leur élégance les mirent à la mode & leur ouvrirent l'entrée des meilleures maisons où, grâce à quelque esprit, parfois un certain talent pour les petits vers galants, beaucoup d'entre eux vivaient dans le parasitisme, les intrigues ou même des complaisances inavouables.

C'était en 1720 qu'un jeune prêtre du nom de Prévost arrivait à Saint-Germain-des-Prés, venant d'Évreux, où il avait prêché le carême, sur la renommée des grands travaux auxquels il désirait prendre part. Son ardeur fut de courte durée : le nouveau religieux ne subissait qu'à grand'peine la règle avec ses obligations, & trouvait le repos du cloître fastidieux. Dom Prévost chercha une diversion à son ennui dans le récit des aventures d'une existence singulièrement mouvementée. Ses confrères l'écoutaient avec un sourire étonné. Il prit patience durant quelques années, puis obtint son transfert dans un ordre moins sévère & en profita pour s'enfuir en Hollande. C'est là qu'il publia son premier roman, les *Mémoires d'un homme de qualité,* ou l'*Histoire de Manon Lescaut.*

La nomination du comte de Clermont, la main mise par la cour sur le patrimoine de l'Église pour doter ses favoris, annonce déjà la décadence prochaine. Les opinions de l'époque commencent à gagner les esprits jusque dans la pieuse enceinte. Sans doute les bons ouvriers ne manquent pas plus qu'autrefois, & les travaux de premier ordre se poursuivent toujours,

mais on travaille de préférence isolément :
Saint-Germain-des-Prés n'est presque plus
qu'une association de *vieux garçons* retirés dans
une habitation commune, & plus d'un moine
finit par n'avoir guère du religieux que la robe ;
le savant prédomine tellement en lui que le
public éclairé se demande pourquoi il porte
encore ce costume, & parfois il se pose lui-
même cette question. Après avoir tenu une
place considérable dans l'histoire de la science
française, la vieille abbaye recule graduellement
& s'enfonce dans l'ombre avant de disparaître
tout à fait. Le même effacement se retrouve
dans les autres maisons, absorbées par des dis-
sensions intérieures, souvent par les soins les
plus mesquins, & la commission, nommée
après la dissolution de la compagnie de Jésus
pour restreindre le nombre des monastères, est
assurée de répondre au sentiment public en
supprimant les Célestins, les Servites, etc. Les
ordres religieux ont terminé leur rôle bien
avant 1789.

TABLE DES MATIÈRES.

www.ingramcontent.com/pod-product-compliance
Ingram Content Group UK Ltd.
Pitfield, Milton Keynes, MK11 3LW, UK
UKHW021901070726
13613UKWH00001B/260